U0880963

中青年经济学家文库
闽南师范大学学术专著出版基金资助

基于实物资本与人力资本最佳配置的中国经济潜在增长率研究

乔红芳 著

中国财经出版传媒集团
经济科学出版社
Economic Science Press

图书在版编目（CIP）数据

基于实物资本与人力资本最佳配置的中国经济潜在增长率研究/乔红芳著．—北京：经济科学出版社，2017.10
（中青年经济学家文库）
ISBN 978－7－5141－8505－8

Ⅰ．①基…　Ⅱ．①乔…　Ⅲ．①中国经济－经济增长－研究　Ⅳ．①F124.1

中国版本图书馆 CIP 数据核字（2017）第 240764 号

责任编辑：程晓云　王　莹
责任校对：刘　昕
版式设计：齐　杰
责任印制：邱　天

基于实物资本与人力资本最佳配置的中国经济潜在增长率研究
乔红芳　著
经济科学出版社出版、发行　新华书店经销
社址：北京市海淀区阜成路甲 28 号　邮编：100142
总编部电话：010－88191217　发行部电话：010－88191522
网址：www.esp.com.cn
电子邮件：esp@esp.com.cn
天猫网店：经济科学出版社旗舰店
网址：http://jjkxcbs.tmall.com
固安华明印业有限公司印装
710×1000　16 开　12 印张　220000 字
2017 年 12 月第 1 版　2017 年 12 月第 1 次印刷
ISBN 978－7－5141－8505－8　定价：36.00 元

前　言

经济增长速度从高速向中高速的转化是经济新常态的基本特征之一。当我国历经30多年的高速增长GDP总量扩大至一定规模后，继续保持原有的高速增长难度加大，而国际金融危机的爆发恰是我国经济减速换挡的导火索。自金融危机以来，我国的经济增长速度明显放缓。除2010年在强有力的经济政策刺激下，实现了10.4%的增长率外，其余年份均在10%以下，2011～2016年的GDP增长率分别为9.3%、7.7%、7.7%、7.4%、6.9%和6.7%。与以往10%左右的高速增长相比，这些实际增长率可认为是中高速增长。然而，中高速增长只是一个相对概念，并未有明确的数量界定。随着我国经济发展进入新常态，新旧增长动力的转化尚未完成，一些不确定风险开始显现，我国经济下行压力依旧较大。那么，我国未来可实现的中高速增长率是多少呢？我国未来的增长潜能又有多大呢？潜在产出是一国各种资源充分利用条件下可达到的最大化产出，是实际产出的最大可能边界，据此计算得到的增长率为潜在增长率。对潜在增长率的测度不仅能准确地判断经济体运行的最大限度，更能为未来宏观经济发展战略以及经济政策的制定提供决策参考。尽管实际产出不能超过潜在产出，但是可以通过全面深化关键领域的改革，消除中国现实经济运行中存在的体制性障碍，一方面充分挖掘生产要素供给等传统增长源泉的潜力，另一方面依靠创新驱动形成新的增长动力，从而显著地促进经济增长。

本书在对潜在增长率估算的相关文献进行梳理的基础上，选择了生产函数法来测算我国的潜在增长率。值得注意的是，人力资本积累是经济持续增长的决定性因素和产业发展的真正源泉和动力，而我国的人力资本在过去的30多年间也经历了显著地提升。因此，本书在测算时除了考虑传统的生产要素，如实物资本、劳动力和技术进步外，还加入人力资本。实物资本和人力资本作为两种重要的生产要素，其充分利用并不意味着两种要素的配置也达到合理状态。本书基于MRW生产函数模型通过数理推导证明，在两种资本总量之和不变的条件下，无论生产函数属于规模报酬不变、规模报酬递增还是规模报酬递减，实物资本与人力资本的最佳配置比例为二者的产出弹性之比。那么，最大化产出的极致状态是各种要素充分利用且达到最佳配置比例。生产要素利用率的估计本身较为复杂，为使问题简单化，本书假定在现有生产要素利用率条件下，当实物资本与人力资本达到最佳配置比例时达到的产出水平，定义为“潜在产出”，这种界定是对“最大化产出”概念含义的拓展和延伸，而实际产出对潜在产出的偏离就是潜在损失或效率损失。这是对以往利用生产函数法测算潜在增长率方法的一种全新的尝试。

目前我国尚未有权威部门发布实物资本存量和人力资本存量的数据。由于各位学者采用的方法不同，估算结果存在较大的差异。本书没有直接采用见诸文献的各种估计结果，而是采用了不同的方法重新估算了两种资本存量。针对实物资本，本书在数理推导折旧率、资本产出比、固定资本形成率与经济增长率关系的基础上，以国家统计局公布的11个投入产出表年份的折旧额数据为校准点，假定投入产出表年份间的各时段内采用平均折旧率，将估算起点设定在第一个投入产出表年份——1987年，然后向前反推过去年份、向后递推以后年份，同时估算各个时段的折旧率和资本存量。由于实现了校准点年份的折旧额与投入产出表数据的完全一致，从而确保了本书估算结果的可靠性。人力资本的人身依附性决定了对其折旧的理解应与实物资本不同。如果劳动者本身有着良好的自我管理模式，注重自我学习和能力的提升，形成自主锻炼和自我保健的习惯，那么人力资本不仅不会折旧，反而有升值的可能。为了避开有关人力资本折旧的争论，本书沿用了成本加权法来估算人力资本存量，并做了两点改进：一是考虑到人力资本的人身依附性，客观上需要医疗保健来维持生命的健康和体力的充沛，需要自我学习或娱乐来保持知识和技能的更新，故将人力资本投资成本范围拓展为直接教育、医疗保健及文教娱乐支出；二是考虑到教育投资时滞，即成为拥有某种学历的劳动力花费的教育时间很长，故在估算过程中使用不同年龄阶段的劳动力的学历分布数据进行计算，更为客观地还原各学历层次劳动者的真实教育成本，反映了人力资本形成存在的时滞。

基于上述估得的生产要素数据，本书以MRW生产函数模型为基础，从要素合理配置视角测算了中国1978～2013年的潜在产出、潜在增长率及潜在损失。结果显示：劳均实物资本和劳均人力资本的产出弹性分别为0.622和0.2868，意味着两种资本的最佳配置比例为2.17，远远低于两种资本存量之比9.78。潜在产出曲线明显位于实际产出曲线之上且两条曲线的差距越来越大，说明潜在损失为正且绝对额越来越大。1978～2013年时段潜在损失累计达到766459.15亿元，占同期实际累计产出的20.32%。这意味着，在现有生产要素利用率下，不需要增加任何要素投入，仅通过改变实物资本与人力资本的配置比例，经济产出可以增加766459.15亿元，产出效率可以得到很大提高。在此基础上，本书预测了中国2016～2020年间的潜在产出、潜在增长率及潜在损失，结果显示：2016～2020年间潜在增长率平均为6.19%，实际经济增长率平均为6.22%，前者比后者低0.03%，该期间的潜在损失累计达到571150.1亿元，占到1978～2015年间潜在损失累计额的60%。这说明：如果两种资本继续保持以往的增长规律不变，两者之间的错配关系就会继续，由此造成的效率损失也会继续且损失会越来越大。

已经形成的资本结构无法去变更，只能在未来资本扩张的过程中逐步调整两种资本的配置结构。为了减少两种资本错配的效率损失，本书最后从放缓固定资产投资增速优化投资结构、加大教育投资力度拓宽经费来源渠道、增加医疗保健投入改善城乡医疗服务、加强技术创新提高全要素生产率等方面提出了相应的建议。

乔红芳

2017年9月

目　录

第1章 绪　　论

1.1 选题背景

改革开放以来，中国经济保持了持续快速地增长。经过30多年的发展，中国的经济总量在2010年已经达到58786亿美元（以当年价现行汇率计算），超出日本4044亿美元，成为世界第二大经济体，2016年中国的国内生产总值已达到744127亿元①。1978～2007年间中国GDP增长率平均为10%，其中：1992～1996年间GDP增长率平均达到12.4%，2003～2007年间平均达到11.7%。然而，自2008年金融危机以来，中国的经济增长速度明显放缓。除2010年在强有力的经济政策刺激下，实现了10.4%的增长率外，其余年份均在10%以下，2011～2016年的增长率分别降低至9.3%、7.7%、7.7%、7.4%、6.9%和6.7%②。那么，应当如何认识当前经济增速的放缓呢？又应采用何种对策来解决目前的现实问题呢？

对此，学术界进行了广泛的讨论，形成两种不同的观点。有些学者认为目

---

① 网址：http：//www.stats.gov.cn/tjsj/zxfb/201702/t20170228_1467424.html，摘自于《中华人民共和国2016年国民经济和社会发展统计公报》，采用当年价。

② 值得注意的是，本书此处的增长率采用GDP数据未修订前国家统计局公布的数据。国家统计局根据第三次经济普查数据对国内生产总值的历史数据进行了修订，同时，2013年之后将研发支出计入GDP核算，这些核算方法的改变会导致依据修订后计算的GDP数据计算得到的历年增长率会发生略微的变化。

前增速放缓是周期性现象①，中国经济的基本面并未发生大的改变，世界经济的低迷以及国内需求的不足造成总需求周期性地下降。更多学者认为目前增速放缓是长期性现象（艾肯格林等，2011；袁富华，2012；张平，2012；蔡昉，2013；沈坤荣和滕永乐，2013），中国经济处于新的发展阶段，经济结构调整和增长动力的转化造成经济的长期性下滑。对经济增速放缓形成根源的认识不同，政策取向也截然不同。如果当前增速放缓是周期性现象，则应当采用需求侧管理政策，通过扩张性的财政政策和货币政策来增加总需求来以熨平周期波动。如果当前增速放缓是长期性现象，则应当采用供给侧管理政策，从生产要素和生产率等供给面探寻解决途径以促进经济增长。采用需求侧管理政策解决长期问题，短期内虽然会促进产出暂时提升，但长期内会使得生产要素价格扭曲，产业结构不合理，产生通货膨胀和产能过剩等现象（郭晗，2015）。

相较于学术界存在的争议，目前政策界（决策层）已基本达成了较为一致的共识，认为经济呈现出新常态，目前经济增速的放缓是长期性趋势下滑，仅采用单一的需求侧管理政策无法有效地解决现实的经济问题，需要加强供给侧结构性改革，着重提高供给的质量和效率。当中国历经 30 多年的高速增长 GDP 总量扩大至一定规模后，继续保持高速增长的难度加大了。从世界范围来看，一些国家和地区的经济在较长一段时间的快速增长后，增长速度都会逐渐放慢，例如日本和东亚四小龙（韩国、新加坡、中国香港、中国台湾）。中国也避不开此规律。所以，近年来中国经济增长速度的放慢有其必然性，而国际金融危机的爆发恰是中国经济减速换挡的导火索。与此同时，在中国经济快速发展的过程中，积累了大量亟待解决的问题，如部分行业产能过剩矛盾突出、企业生产经营成本上升及创新能力不足、由地方债务、影子银行、房地产泡沫等可能诱发的潜在金融风险、经济发展与资源环境间的矛盾日益突出等。在此背景下，党中央对经济形势做出了“经济增长速度换挡期、结构调整阵痛期、前期刺激政策消化期”三期叠加的重要判断②。2014 年 5 月，习近平首次

① 林毅夫. 中国经济增长仍要靠投资不能靠消费［N］. 中国证券报，2013-5-31。

② 网址：http://news.163.com/14/0222/14/9LMPIVCM00014JB5_all.html，2014 年 2 月 22 日，摘自于《瞭望》中刊登的《十八大以来习近平同志关于经济工作的重要论述》。

提出“新常态”，认为要从中国的阶段性特征出发，适应新常态，保持战略上的平常心态并于当年 11 月 APEC 峰会上系统地阐述了新常态的特征，即“一是从高速增长转为中高速增长，二是经济结构不断优化升级，第三产业、消费需求逐步成为主体，城乡区域差距逐步缩小，居民收入占比上升，发展成果惠及更广大民众，三是从要素驱动、投资驱动转向创新驱动”。随着中国经济发展进入新常态，新旧增长动力的转化尚未完成，一些积累的矛盾显性化，经济下行压力较大。2015 年 11 月，习近平在中央财经领导小组第十一次会议上指出，在适度扩大总需求的同时，加强供给侧结构性改革，着力提高供给体系质量和效率。在随后的 APEC 峰会上表示，要解决世界经济深层次问题，单纯依靠货币刺激政策是不够的，必须下决心在推进经济结构性改革方面做更大努力，使供给体系更适应需求结构的变化。2015 年的中央经济工作会议再次强调要推进供给侧结构性改革，并在《2016 年政府工作报告》进行了部署，将需求侧调控与供给侧改革有机结合起来。2016 年 12 月，中央经济工作会议指出“我国经济运行面临的突出矛盾和问题，虽然有周期性、总量性因素，但根源是重大结构性失衡，导致经济循环不畅，必须从供给侧、结构性改革上想办法，努力实现供求关系新的动态均衡。供给侧结构性改革，最终目的是满足需求，主攻方向是提高供给质量，根本途径是深化改革。”2017 年是供给侧结构性改革的深化之年，通过深化体制改革，完善市场在资源配置的决定性作用，激发微观主体的内在动力，挖掘经济增长的潜力。

增长速度从高速向中高速的转化是经济新常态的基本特征，而经济结构的调整和增长动力的转化是经济增速回落的重要原因。经济新常态并不是简单的增长速度下降，其本质是增长动力的转换①。经济增速的回落并不是经济的倒退，而是进入了一个新的发展阶段。中国 2013 ~2016 年间 16 个季度 GDP 增长率②分别为 7.7%、7.5%、7.8%、7.7%、7.4%、7.5%、7.3%、7.3%、7%、7%、6.9%、6.8%、6.7%、6.7%、6.7%和 6.8%。与以往 10%左右的高速增长相比，这些实际增长率可认为是中高速增长。然而，中高速增长只

① 网址：http://theory.people.com.cn/n/2015/0416/c40531 - 26852443.html，摘自于李稻葵 2015 年 4 月 16 日在《人民日报》发表文章中的内容。

② 新华社中国金融信息网，网址：http://dc.xinhua08.com/49。

是一个相对概念，并未有明确的数量界定，各位学者对此也存在着一些争议。厉以宁①认为7%左右甚至6%～7%都属于中高速增长。林毅夫②认为中国完全有可能保持7%～7.5%的中高速增长。楼继伟③认为6.5%～7%是能使人民在当前和长远都受益的包容性的中高速增长。李克强④提出“十三五”期间GDP每年平均增长速度必需保持在6.5%以上，才能实现2020年国内生产总值和城乡居民人均收入比2010年翻一番的目标。那么，在经济新常态背景下，中国未来可保持的中高速增长率到底是多少呢？或者说现实经济增长率的目标到底应该确定在哪个合理区间呢？而中国的长期增长潜能又有多大呢？又要采取何种政策来实现目标增长率呢？要回答这一系列问题，就必须对中国经济潜在增长率进行有效地测算。

潜在增长率的计算实质上就是潜在产出的估算。潜在产出概念由美国经济学家奥肯于1962年提出之后，演绎到目前，对其内涵尚未有统一的界定⑤。本书对于潜在增长率含义的界定基于最大化产出角度，即一国的各种资源充分利用条件下可达到的最大化产出为潜在产出，它是实际产出的最大可能边界，据此计算得到的增长率为潜在增长率。保持与潜在经济增长率相符的现实经济增长率，既不会诱发通货膨胀，也不会引发周期性失业。潜在经济增长率决定了一个国家经济发展的潜力。然而，比较困难的是如何估算和预测中国的潜在经济增长率。各位学者采用的方法不同，对未来中国潜在经济率的判断也存在一定的分歧。林毅夫⑥认为新常态下中国的经济潜在增长率为8%。张军⑦认为中

---

① 网址：http：//theory. people. com. cn/n/2014/1211/c148980 – 26187417. html，摘自于厉以宁2014年在“第十四届中国经济论坛”上关于经济新常态的演讲内容。

② 网址：http：//finance. qq. com/a/20141127/072070. htm，摘自于林毅夫2014年在“建设21世纪海上丝绸之路”论坛上演讲的内容。

③ 网址：http：//www. guancha. cn/loujiwei/2015_05_04_318251_1. shtml，摘自于楼继伟2015年在清华大学举行的“清华中国经济高层讲坛”上的演讲内容。

④ 网址：http：//finance. china. com. cn/news/gnjj/20151106/3428539. shtml，摘自于李克强2015年11月6日发表在《人民日报》上署名文章中的内容。

⑤ 潜在增长率有两种含义：一是依据充分就业条件下实现的最大化产出计算得到潜在增长率，二是剔除掉暂时性冲击影响后的实际产出的趋势值，据此测算出的趋势增长率定义为潜在增长率。

⑥ 网址：http：//finance. sina. com. cn/china/20141229/112521187034. shtml，摘自于林毅夫2014年12月《新常态下的中国民营经济新态势》演讲中的内容。

⑦ 网址：http：//www. guancha. cn/zhang-jun/2014_10_28_280516. shtml，摘自于张军2014年10月25日在汇丰晋信《全球大变革下的投资机遇》高峰论坛上的演讲内容。

国潜在增长率并未回落，未来五年中国潜在增长率在8.4%左右。上海财经大学高等研究院[①]基于中国量化准结构宏观经济模型预测2015年下半年实际增速将继续下滑，从长远看中国经济潜在增长率没有出现大幅下滑，5～8年内有望继续保持在7%以上。清华大学中国与世界经济研究中心[②]分析认为未来10年中国经济潜在增长率能保持在7%左右。蔡昉[③]依据生产要素及全要素生产率的趋势估算得到中国经济潜在增长率，从改革开放到2010年期间的10%左右，下降为“十二五”时期的平均7.6%，进而“十三五”时期的平均6.2%。尽管学者们对我国未来潜在经济增长率的预测数字有所不同，但有一点是相同的，那就是与过去相比，未来的潜在经济增长率将有所下降。

1.2 选题意义

潜在产出及潜在增长率一直都是宏观经济研究的重要内容。宏观调控的主要目的就是监测一国的潜在产出和潜在增长率是否发生了变化，并通过实施各种政策促使实际产出不断向潜在产出逼近，目标增长率不断向潜在增长率区间逼近。对一国经济的潜在产出和潜在增长率的有效测算，不仅可以帮助决策层准确地把握该国经济运行的态势，而且为决策层长期经济发展规划和短期宏观经济政策的制定提供重要的参考依据。本书基于要素合理配置视角对中国经济潜在增长率进行的估算和预测，不仅可以帮助决策层准确地判断经济新常态背景下我国未来潜在增长率究竟会发生怎样的变化。更为重要的是，本书研究是对供给侧结构性改革路径的有益探索，通过资源的重新配置显著地提高生产要

① 网址：http：//news. cnstock. com/news/sns_bwkx/201507/3506090. htm，摘于上海财经大学高等研究院“中国宏观经济形势分析与预测”课题组发布《2015年中国宏观经济形势分析与预测年中报告》中的内容。

② 网址：http：//theory. people. com. cn/n/2015/0416/c40531 – 26852443. html，摘自于李稻葵2015年4月16日在《人民日报》发表文章中的内容。

③ 网址：http：//www. ce. cn/macro/more/201508/05/t20150805_6137008. shtml，摘自于蔡昉2015年8月5日发表在《人民日报》上文章的内容。

素的配置效率，激活现有生产要素的增长潜力，旨在探寻促进经济发展的新动力。因此，从现实意义上看，本书研究对我国后续经济结构的调整和体制改革的推进具有一定的参考价值。

与以往文献不同，本书估算潜在增长率时考虑了人力资本对经济增长的重要推动作用。1956年索洛提出了新古典经济增长理论，认为人均产出的增长来源于人均资本存量和技术进步，但只有技术进步才能够导致人均产出的永久性增长，只是该模型解释不了“增长的余值”，将其简单规定为外生给定的技术进步，而这恰恰是长期经济增长的关键。于是，许多学者围绕着“索洛余值”内生化做了很多研究。1961年舒尔茨提出了人力资本理论体系，认为研究经济增长问题有必要将人力资本包括进来，不能仅考虑有形的实物资本，为经济发展的动力做出了全新的解释。丹尼森（1962）通过精细的分解计算论证了1929～1957年教育对美国经济增长的贡献为20%，超过了实物资本的贡献，将原本隐藏在全要素生产率下的人力资本的作用定量地揭示出来。阿罗（1962）提出干中学效应，强调在生产过程或实物资本积累过程中，知识不断地积累从而提高了劳动生产率和经济增长，却忽视了社会上大量存在的诸如教育、科研等知识生产部门的作用。宇泽弘文（1965）在新古典增长模型的基础上，假定社会配置一定的资源到非生产的教育部门，该部门通过提高生产部门的劳动效率和技术水平而间接促进产出的增加。20世纪80年代以卢卡斯（1988）、罗默（1989）等为代表的新经济增长理论兴起，该理论将人力资本引入到经济增长模型中，放弃技术进步外生化假定，强调技术进步内生化，认为人力资本积累是经济持续增长的决定性因素和产业发展的真正源泉和动力。尤其是，自2012年开始，中国15～59岁劳动年龄人口的绝对数量持续5年下降，而老龄化人口（60周岁及以上）却不断增加。2012～2016年中国劳动年龄人口分别减少345万人、227万人、518万人、435万人和370万人，与此同时，中国60周岁以上人口分别为19390万人、20243万人、21242万人、22200万人、23086万人，分别占到当年人口总数的14.3%、14.9%、15.5%、16.1%和16.7%。同时，劳动力成本持续上升，2005～2015年全国货币工资增长了近3倍，平均增长率超过13.84%，显著高于中国同期经济增长水平[①]。人口红利的消退，劳动力成本的上升，这也是很多学者推断中国经济潜在增长率会大幅下降的原因之一。但是，值得注意的是，随着中国人口平均受教育年限的提高，劳动力人口的素质也在不断提升。1990年中国6岁及6岁以上人口的平均受教育年限为6.26年，2000年提高至7.62年[②]，2010年和2011年已分别达到8.8年和8.85年[③]，中国人口的平均受教育年限在21年间增加了2.59年。中国每10万人口中，具有大学文化程度的人数1982年为615人，2010年已增至8930人，是1982年的14.52倍；具有高中文化程度的人数1982年为6779人，2010年已增至14032人；具有初中文化程度的人数1982年为17892人，2010年已增至38788人，具有小学文化程度的人数1982年为35237人，2010年减少至26779人。与此同时，中国的文盲率大幅度下降，1982年文盲率为23.5%；1990年降至15.88%；2000年更是大幅下降为6.72%；2010年降至4.08%[④]。这些都说明：中国人口的文化程度在不断提高，也意味着蕴含于劳动力的人力资本存量得到了显著的提升。因此，测算中国的潜在经济增长率时，除了考虑传统的生产要素，如实物资本、劳动力和技术进步外，还应加入人力资本要素。

此外，本书以生产要素的合理配置为研究视角，通过资源配置效率的改进来促进经济增长。曼昆等（1992）在原有索洛经济增长模型基础上，加入了人力资本存量，形成了扩展的索洛经济增长模型。实物资本和人力资本作为推动经济增长的两大重要要素，应当合理配置，使资源流动到最有效的地方。任何一种资本过多或过少，都会影响经济增长（沈利生和朱运法，

---

① 《中国统计年鉴2015》。

② 平均受教育年限指某一人口群体人均接受学历教育（包括成人学历教育不包括各种非学历培训）的年数。1990年和2000年的平均受教育年限数据来源于《2003年中国人口统计年鉴》第262页，且两年的平均受教育年限均是根据人口普查数据计算得到。

③ 2010年和2011年的平均受教育年限数据来源于《2013年中国人口统计年鉴》第13页，其中：2010年的平均受教育年限是依据人口普查数据计算得到；2011年的平均受教育年限则是依据全国人口变动情况抽样调查数据计算得到。

④ 国家统计局网站，http://www.stats.gov.cn/ztjc/zdtjgz/zgrkpc/dlcrkpc/dlcrkpczl/index.html，其中：1982年、1990年、2000年以及2010年都是全国人口普查年份。需要说明的是：1982年的文盲率计算时是基于30个省、自治区、直辖市和现役军人的人口中12岁及以上不识字人口的比重。其余年份的文盲率计算是基于31个省、自治区、直辖市和现役军人的人口中15岁及以上不识字人口所占比重。

1999；赫克曼，2002）。换句话说，两种资本理论上存在一个最佳的配置比例，即两者的产出弹性之比（沈利生和边雅静，2005；边雅静，2011），此时产出实现最大化。这种思路的前提是，实物资本和人力资本要有同样的计量单位。通常实物资本用货币单位计量，人力资本也要用货币单位计量，这样才能考虑保持这两种资本的总和不变，仅仅通过改变其配置比例达到最优，使产出最大化。本文便是基于实物资本和人力资本合理配置视角，选择了包含人力资本存量（与实物资本存量采用相同的货币计量单位）的 MRW 模型为基础，采用生产函数法对中国的潜在产出及潜在经济增长率进行了测算。一个需要同时兼顾的方面是生产要素的利用率问题。实物资本有可能未充分利用，例如有些行业在一定时期的产能过剩；人力资本也有可能未充分利用，例如存在着一定程度的失业或一定时期存在的隐性失业。从理论上来说，把两种资本的利用率考虑进来并不复杂，只要有两种资本利用率的历年数据，分别与相应的资本存量相乘，作为两种资本的实际投入量。但是，要收集到两种要素利用率的数据却有相当大的难度。仅仅就合理估计两种资本的利用率而言，就可能成为一篇具有相当篇幅的论著，这不是本书的主题。为使问题简单化，本书把生产要素利用率先放一旁，留待将来而暂不考虑，仅考虑在当前生产要素利用率条件下，由于投入的两种资本存在着错配而致使产出未达到最大，只要改变投入的两种资本的配置比例，使其达到最佳配置。这样，在投入资本总量不变的前提下，就可实现产出的最大。将实物资本与人力资本达到最佳配置比例时达到的产出水平，定义为“潜在产出”，而实际产出对潜在产出的偏离就是潜在损失或是效率损失。迄今为止，尚未看到由于要素配置不当而引起效率损失的定义，故这种界定是对以往文献“最大化产出”概念含义的拓展和延伸，由此计算出的增长率定义为潜在增长率。这是一个全新的视角，是对以往利用生产函数法测算潜在增长率方法的一种全新的扩展。因此，本书研究是对以往文献的有益补充，具有一定的学术价值。

1.3　本书的研究思路及研究内容

1.3.1　本书的研究思路

经济新常态背景下，中国的经济增长速度明显放缓，经济下行的压力增大。潜在产出是实际产出的最大可能边界，据此计算得到的潜在增长率的大小决定了一个国家经济发展的潜力。第一，本书从潜在产出的含义界定、潜在产出及潜在经济增长率的估算方法两个层面对现有文献进行了梳理和述评，在此基础上选定了生产函数法来测算中国经济的潜在增长率；第二，考虑到人力资本对经济增长的重要推动作用，选择了包含人力资本要素的MRW生产函数，从数理上推导出实物资本与人力资本存在着一个最佳配置比例，并将两种资本达到最佳配置比例时的产出水平界定为"潜在产出"，确立了从实物资本和人力资本合理配置的视角来研究中国经济的潜在增长率；第三，在上述框架下，根据中国统计数据的实际情况，重新估算了实物资本存量与人力资本存量，以确保后续潜在经济增长率的测算更为可靠；第四，基于前面估得的数据，从新的视角对中国的潜在产出、潜在经济增长率以及潜在损失重新进行测算和分析，在此基础上预测了中国2016~2020年的潜在经济增长率；第五，鉴于中国两种资本配置造成的效率损失，从放缓固定资产投资增速优化投资结构、加大教育投资力度拓宽经费来源渠道、增加医疗保健投入改善城乡医疗服务、加强技术创新提高全要素生产率等方面提出了相应的政策建议。图1-1为本书的技术路线图。

1.3.2　本书的研究内容

全书共分为8章，其主要内容如下：

第1章为绪论。主要介绍本书的选题背景、选题意义、研究思路、研究内容以及本书的创新之处。

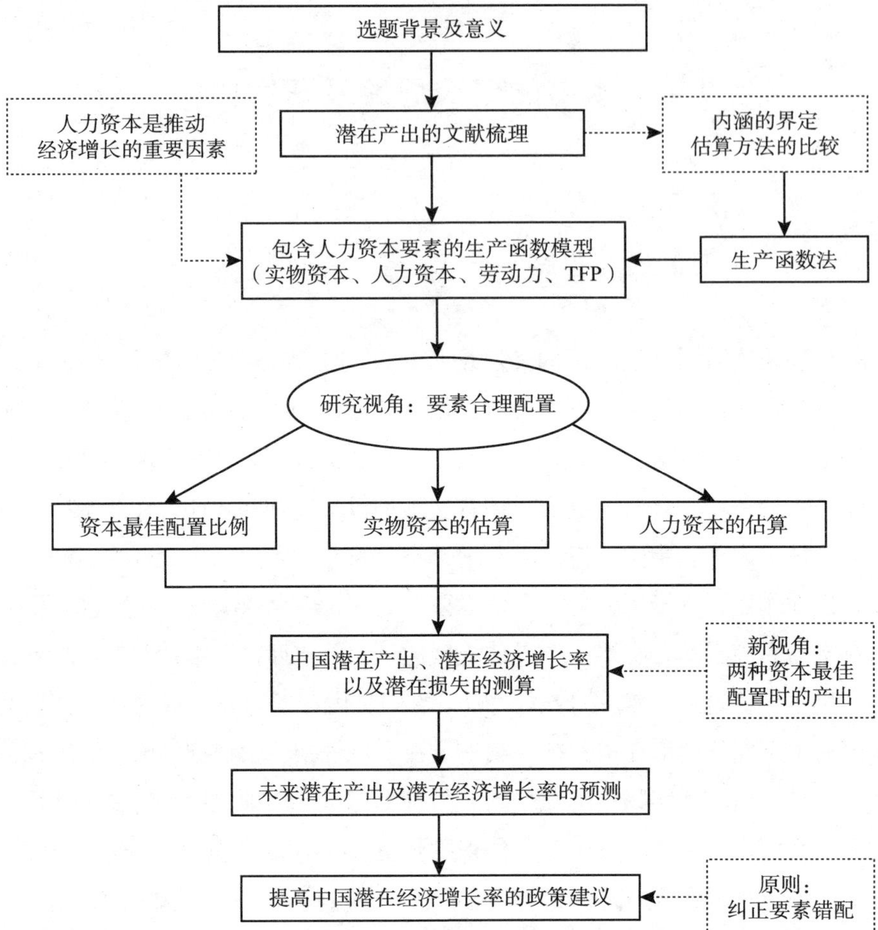

图 1－1　技术路线图

第 2 章为潜在增长率测算的文献回顾。主要对潜在增长率估算的相关研究成果进行梳理和评述，包括：潜在增长率概念的界定、潜在增长率估计方法的基本思想及应用现状、潜在增长率估算方法的优缺点比较等。

第 3 章为实物资本与人力资本配置的最佳比例。首先，对要素配置与经济增长之间关系的相关文献进行梳理。其次，基于包含人力资本要素的 MRW 模型，从数理上推导实物资本与人力资本的最佳比例，此时产出水平达到最大。最后，从要素合理配置视角对潜在产出及潜在增长率的内涵进行了拓展，假定在当前生产要素利用率条件下，将实物资本与人力资本达到最佳配置比例时达到的产出水平，定义为“潜在产出”，而实际产出对潜在产出的偏离就是潜在损失。

第4章为中国实物资本存量的估算。首先，从永续盘存法运用过程中的四个关键变量——初始存量、折旧率、投资额及投资价格指数四个方面对实物资本估算的相关文献进行梳理。其次，介绍了本书实物资本存量的估算思路及方法。与以往文献不同，本书通过11个投入产出表年份将时间划分成12个子区间，假定各区间内相应年份的折旧率相等，即各区段采用平均折旧率，将估算起点设定在第一个投入产出表年份——1987年，然后向前反推过去年份、向后递推以后年份，同时估算各个时段的折旧率和资本存量。最后，对实物资本存量的估算结果进行了分析和说明，并与其他文献的估算结果进行了比较。

第5章为中国人力资本存量的估算。首先，从人力资本的内涵、基于成本法的人力资本估算、基于收入法的人力资本估算和基于教育成果法的人力资本估算四个方面对现有文献进行梳理和述评。其次，介绍了本书人力资本存量的估算思路及方法。鉴于中国收入基础数据缺乏的实际，同时为了避开人力资本折旧的争议，沿用了成本加权法来估算中国人力资本存量，并做出两点改进：一是将人力资本投资成本范围拓展为直接教育、医疗保健及文教娱乐支出；二是考虑了教育投资时滞，客观地还原各年龄不同学历层次劳动者的真实教育成本。最后，基于现实数据对中国的人力资本存量进行了估算，并将估算结果与其他文献进行了比较和分析。

第6章为中国经济潜在增长率的估计与预测。首先，回顾了中国经济发展的整个历程，根据其变化趋势的特征分成了3个阶段。其次，基于中国经济体制变革和经济增长的阶段特点，对MRW模型进行修正构建了适当的模型，并依据前文估算得到的数据测算实物资本和人力资本的产出弹性。再次，从要素合理配置的新视角重新测算了中国的潜在产出、潜在经济增长率和潜在损失，并对结果进行分析和说明。最后，对各生产要素的变化趋势进行了预测，并在此基础上对中国2016~2020年的潜在产出及潜在经济增长率进行了预测。

第7章为提高中国经济潜在增长率的政策建议。为了减少实物资本与人力资本配置的效率损失，从放缓固定资产投资增速优化投资结构、加大教育投资力度拓宽经费来源渠道、增加医疗保健投入改善城乡医疗服务、加大技术创新的力度提高全要素生产率等方面提出了相应的政策建议。

第8章为结论。对上述研究做出总结，并根据本书研究的不足提出未来进一步开展的工作。

1.4 本书的创新之处

本书的创新之处体现在以下三个方面：

一是估计潜在经济增长率时纳入了人力资本要素。正如诸多文献所论证的结论，人力资本是推动经济增长的重要因素。现有文献采用生产函数法测算潜在经济增长率时，大都是选择包含实物资本、劳动力和技术进步的模型。本书与以往的文献不同，选择了包含人力资本存量的生产函数作为估算的基础模型，这是一种有益的尝试。

二是研究视角的创新。现有文献中的估算思路是：先假定当前产出是在投入要素未得到充分利用时得到的，估算此时的生产函数；再假定投入要素完全得到利用时可能得到的产出，此时的最大产出就是潜在产出。本书仍然采用“最大化产出”的界定，即潜在产出就是可能达到的最大产出，只是研究的视角完全不同。本书测算的是在当前投入要素的利用率水平下，由于投入的两种资本存在着错配，所以产出未达到最大，只要改变投入资本的配置比例，在投入资本总量不变的前提下，就可实现产出的最大。此时，潜在产出含义是当实物资本和人力资本达到最佳比例时的最大化产出水平，而实际产出对潜在产出的偏离就是潜在损失或是效率损失。这是一个全新的视角，是对以往利用生产函数法测算潜在增长率方法的一种全新的扩展。

三是生产要素估计方法的创新。目前中国尚未有权威部门发布实物资本存量和人力资本存量的数据，各位学者出于研究的需要而采用了不同的方法进行估算。为了充分利用和挖掘现有数据，获得令人信服的资本存量估计结果，本书没有直接采用见诸文献的两种资本存量的各种估计结果，而是采用了有所不同的估计方法，分别重新估计了实物资本存量和人力资本存量。针对实物资本存量，本书使用了投入产出表中提供的折旧额的数据作为校正，以1987年为分界点，分别向前递推和向后递推，同时估算各个时段的平均折旧率和资本存量，从而保证了折旧率的设定不会出现系统性偏差，由此计算得到的特定年份的折旧额恰好等于特定年份投入产出表中的折旧额。针对人力资本存量，本书沿用了成本加权法来估算，并做了两点改进：（1）考虑到人力资本的人身依附性，客观上需要通过医疗保健来维持生命的健康和体力的充沛，需要自我学习或娱乐方式来保持知识和技能的更新，故将人力资本投资成本范围拓展为直接教育、医疗保健及文教娱乐支出；（2）考虑到教育投资时滞，即成为拥有某种学历的劳动力花费的教育时间很长，故在估算过程中使用不同年龄阶段的劳动力的学历分布数据进行修正，更为客观地还原各学历层次劳动者的真实教育成本，反映了人力资本形成存在的时滞。

第2章　潜在增长率测算的文献回顾

关于潜在经济增长率测算的文献非常丰富。潜在经济增长率的计算本质上就是潜在产出的估算。美国经济学家奥肯1962年提出潜在产出概念，演绎到目前，对其内涵尚未有统一的界定。现有文献中，关于潜在产出的含义界定较为流行的有两种。一种是新古典主义学派认为的“趋势产出”，强调实际产出体现了在预期需求满足的情况下经济体的总供给能力，既包含了由供给冲击决定的持久产出，还包含由暂时性非预期需求冲击带来的周期产出，这种持久产出就是经济体的潜在产出，这种口径的潜在产出测量的是剔除掉暂时性冲击影响后的实际产出的趋势值，据此测算出的趋势增长率定义为潜在增长率。另一种是凯恩斯学派认为的“生产要素充分利用下的总产出”或“最大化产出”，强调一国资源充分利用条件下可达到的最大化产出水平，这种口径的潜在产出测量的是一国最大化的持续生产能力，在这种状态下其资源的利用效率不会诱发或降低通货膨胀压力，也被称为“与稳态通货膨胀相符的产出水平”，据此计算的可能达到最大产出时的增长率定义为潜在增长率。由潜在产出可以延伸出“产出缺口”这一概念，定义为实际产出与潜在产出的差，前一种定义下实际产出围绕潜在产出上下波动，故其产出缺口有正有负；后一种定义下实际产出往往低于潜在产出，故其产出缺口总是为负值。由于两种定义的含义和内容不同，测算时的方法也不同。围绕“潜在产出”含义的两种界定，发展和涌现出了大量估计潜在产出和产出缺口的方法。

2.1 “趋势产出”界定下的估计方法

这类潜在产出强调实际产出中的趋势成分，潜在经济增长率强调长期平均趋势增长率。在此类概念的框架下，无需考虑经济变量间的关系，估计核心是通过各种统计或计量方法将实际产出分解为：趋势成分和周期成分，趋势成分便代表潜在产出，周期成分代表产出缺口，于是被称为：统计分解趋势法（消除趋势法）。该类方法缺乏经济理论的支持，其目的只是要分解出这种趋势，需要的宏观经济的数据较为简单，因此，其估计结果常常被很多学者和机构质疑。随着计量技术手段的不断改进，此种方法的种类也不断增加，让人眼花缭乱。各方法的差异在于对趋势成分的假定不同，故每种方法都有其适用的范围。

2.1.1 趋势分解法

比较常用的趋势分解法有两种。

一是线性趋势分解法。该方法假定产出存在着一种指数形式的确定趋势，即 $Y_t = e^{\alpha + \beta t + \varphi(L)\varepsilon_t}$，对数化产出则遵循线性化趋势，剩余残差项便是周期成分。将产出取对数后：$\ln Y_t = \alpha + \beta t + \varphi(L)\varepsilon_t$，其中，$\ln Y_t$ 表示对数化产出，t 表示时间，$\varphi(L)$ 表示滞后算子，α 和 β 为参数，ε_t 为残差。奥肯（1962）、刘斌和张怀清（2001）曾使用此种方法估计潜在产出。尽管该方法计算最为简单，却只适用于分解确定性趋势，忽略了实际产出序列的非平稳特征或结构变化特征。纳尔逊和普罗索（1982）研究发现美国14个宏观经济变量序列中有13个存在单位根，这意味着绝大多数宏观变量属于非平稳序列。对此，佩龙（1989）考虑存在一次结构断点情况下重新检验了纳尔逊和普罗索的数据，发现其中11个变量为分段趋势平稳过程，并提出美国经济存在1929年大萧条和1973年石油危机两个结构突变点。为了修正增长率固定不变的不合理假定，分段趋势分解法应运而生，其原理是识别出序列的结构突变点位置，人为地将原序列分成若干段，然后运用线性趋势法分解出不同的线性趋势。基于该方法，沈坤荣和李猛（2010）使用1952～2009年期间国内生产总值数据进行Chow－Breakpoint检验，验证了1966年、1978年、1992年三个突变点，然后分别估算各个期间的潜在产出。

二是BN分解法。大量研究发现，经济中很多非平稳的时间序列可以通过ARIMA过程来拟合。贝弗里奇和纳尔逊（1981）将非平稳的对数化实际产出序列分解成：趋势成分和周期成分，并且趋势成分应为一个带漂移的随机游走过程，周期成分是一个均值为零的平稳过程，即：$\Delta \ln Y_t = \mu + \varepsilon_t + \lambda_1 \varepsilon_{t-1} + \cdots$。其中，$\Delta \ln Y_t = \ln Y_t - \ln Y_{t-1}$表示对数化产出的一阶差分；$\mu$代表经济增长率的长期均值，即潜在经济增长率；$\lambda_i$是常数，$\varepsilon_i$是均值为0，方差为$\delta^2$不存在自相关的随机扰动项。刘金全和刘志刚（2004）使用该方法对中国的GDP增长率进行了分解，发现BN分解更好地体现了波动性特征，但是准确性不够。

2.1.2 单变量滤波法

单变量滤波法是当今估计潜在产出较为流行的方法，主要包括以下几种。

一是BK滤波。巴克斯特和金（1995）构建的一种带通线性滤波技术，其核心是：将经济周期界定为某一确定频率的波动，把实际产出序列分解为高频、中频和低频部分（其中，低频代表长期趋势成分，中频代表周期成分，高频代表不规则成分），然后通过双边对称的移动平均滤波法消除低频的趋势成分以及高频的不规则成分，保留中频的经济周期成分。该方法中采用的滤波有两个约束条件：一是滤波的系数之和为零；二是滤波是对称的，用公式表示为：

$$a(L) = \sum_{k=-K}^{K} a_k L^k$$

其中：L是滞后算子，$\sum_{k=-K}^{K} a_k = 0$，$a_k = a_{-k}$。

该方法中最为重要的就是K的选择，太大会造成样本观测值的缺失过多，太小可能会发生摆动现象。郑挺国和王霞（2010）、杨天宇和黄淑芬（2010）、马文涛和魏福成（2011）曾使用该方法，但是他们并不认为该方法的估计效果要好于CL模型、小波降噪和DSGE模型。

二是HP滤波法。霍德里克和普雷斯科特（1997）假定实际产出序列可分解为：趋势部分（Y_t^*）和周期部分（Y_t^c），即：$Y_t = Y_t^* + Y_t^c$，然后，将Y_t^*从产出序列Y_t中分离出来，鉴于趋势部分的不可观测性将问题转化成一个最优化求解过程，即寻找最优的趋势产出，使得损失函数最小化。即：

$$\min\{\sum_{t=1}^{N}(Y_t - Y_t^*)^2 + \lambda\sum_{t=2}^{N-1}[(Y_{t+1}^* - Y_t^*) - (Y_t^* - Y_{t-1}^*)]^2\}$$

其中，N为样本个数，λ为先验给定的参数。当$\lambda = 0$时，最优化的Y_t^*就是产出数据Y_t本身；随着λ越来越大，最优化的Y_t^*也越来越平滑；当$\lambda \to \infty$时，最优化的Y_t^*便是线性函数。可见，HP滤波估计的潜在产出依赖于参数λ的取值，不同的λ值决定了不同的趋势光滑程度，但是，关于λ的取值一直存在较大的争议。一般的经验取值是：对于年度数据$\lambda = 100$，季度数据$\lambda = 1600$，月度数据$\lambda = 14400$。张连城和韩蓓（2009）探讨了HP滤波中平滑参数的选择问题，并在此基础上利用中国1952～2007的年度数据对潜在经济增长率进行了测算。刘斌和张怀清（2001）、刘金全和刘志刚（2004）、郭庆旺和贾俊雪（2004）、许召元（2005）、赵昕东（2008）、米特拉等（2011）、马文涛和魏福成（2011）同时使用包括HP滤波在内的多种方法估计潜在产出，均发现HP滤波的估计效果相对较差。沈坤荣和李猛（2010）也同时使用了HP滤波、分段趋势和生产函数法估计潜在产出，但是并未对各种方法的效果进行评价。

三是不可观测成分模型（UC）。第一种不可观测成分模型是哈维（1985）、克拉克（1987）假定趋势成分为带漂移的随机游走过程，周期成分为二阶自回归AR（2）过程，然后可以写出产出服从的状态空间模型，称为Harvey－Clark模型或CL模型，具体模型可表示为：

$$Y_t = Y_t^* + Y_t^c + \eta_t$$

$$Y_t^* = \alpha + Y_{t-1}^* + \varepsilon_t \qquad \varepsilon_t \sim i.i.d.(0,\ \delta_\varepsilon^2)$$

$$Y_t^c = \phi_1 Y_t^c + \phi_2 Y_t^c + v_t \quad v_t \sim i.i.d.(0,\ \delta_v^2)$$

其中：Y_t^*为趋势成分；Y_t^c为周期成分；α为漂移项；ε_t与v_t分别为Y_t^*和Y_t^c序列的扰动项，且独立服从均值为零、方差分别为δ_ε^2和δ_v^2的正态分布。

第二种是由哈维和耶格尔（1993）提出HJ模型，与CL模型的不同在于将周期成分服从 AR（2）过程替换成一种正弦随机过程，即：

$$\begin{bmatrix} Y_t^c \\ Y_t^{c*} \end{bmatrix} = \rho \cdot \begin{bmatrix} \cos\lambda_c & \sin\lambda_c \\ -\sin\lambda & \cos\lambda_c \end{bmatrix} \begin{bmatrix} Y_{t-1}^c \\ Y_{t-1}^{c*} \end{bmatrix} + \begin{bmatrix} \kappa_t \\ \kappa_t^* \end{bmatrix}$$

其中，

$$\begin{bmatrix} \kappa_t \\ \kappa_t^* \end{bmatrix} \sim NID\left(0,\ \begin{bmatrix} \sigma_\kappa^2 & 0 \\ 0 & \sigma_\kappa^2 \end{bmatrix}\right)$$

ρ 为减幅因子，且满足［0，1］，当 ρ 越接近于 1，周期成分会越为持久；λ_c 为周期频率，κ_t 和 κ_t^* 为独立同分布均值为 0、方差为 σ_κ^2 的高斯互不相关过程，然后，利用极大似然法估计或贝叶斯方法对参数进行估计，进而得到潜在产出（趋势成分），其核心是使用了卡尔曼滤波的迭代算法，只是卡尔曼滤波计算时初始值的设定对各个状态变量的估计结果影响很大，这可能造成最后结果的不唯一性。张鸿武（2005）利用中国 1992 ~ 2004 年季度数据验证了 CL 模型中假定条件是成立的，在此基础上，通过状态空间—卡尔曼滤波法估计出潜在产出。郑挺国和王霞（2010）同时使用了上述两种模型以及 HP 等四种方法，利用我国 1992 ~ 2010 年季度实时 GDP 数据进行了产出缺口估计，并对产出缺口修正进行分解，研究发现：各种方法的测度结果存在显著差异；产出缺口修正在实时估计中作用显著，数据修正效应明显存在；CL 模型对实时估计的测度最为可靠，而其他方法的产出缺口估计不可信，尤其是 HP 滤波。但是，马文涛和魏福成（2011）却认为不可观测模型估算产出缺口的效果评价不如 DSGE 模型。

四是小波降噪方法（wavelet analysis）。上述滤波方法的共同点是：把实际产出序列看成多个不同频率规则波的迭加，通过傅立叶变换将时域中的时间序列映射到频域内，然后通过比较频域中不同频率波的方差大小来揭示时间序列的频率结构，从而掌握序列的主要波动特征，然而在傅里叶变换的过程中，原有的时域信息也丢失了，仅仅观察傅立叶变换结果是不可能判断出一个事件的发生时间。如果处理的时间序列平稳，这个缺陷就不重要；如果处理的时间序列非平稳，那就会出现估计偏差。正如大量研究所表明的，大量的宏观经济数据都包含大量不稳定的或者瞬时的特征，如漂移、趋势、突变等，这也意味着以此为基础的滤波方法在估计产出缺口时可能出现偏差（杨天宇和黄淑芬，

2010)。为了弥补时域和频域割裂的缺陷，在应用数学的基础上发展而来的小波分析法便被引入到经济学中。与傅立叶变换相似，小波变换也是将时间序列从时域映射到频域。但与傅立叶变换不同的是，小波变换可以在时频两域同时进行局部的特征分析，并通过平移和伸缩来改变时频分析窗的形状，在高频部分具有较低的频率分辨率和较高的时间分辨率，在低频部分具有较低的时间分辨率和较高的频率分辨率。这意味着，小波分析法能够在准确的时间精确地剔除时间序列中随机误差构成的高频成分。多诺霍（1993）提出使用小波分析可从实际产出中分解出不可观测的潜在产出序列；斯卡西维拉尼等（1999）、康威和弗雷姆（2000）使用该方法分别估计了以色列和新西兰的产出缺口；米特拉等（2011）同时使用HP滤波、季度ARIMA、小波分析方法对印度的产出缺口进行估计，结果表明小波分析的结果要好于其他方法。杨天宇和黄淑芬（2010）使用了较为新颖的小波降噪方法，并结合1992~2009年的季度数据估计了我国的产出缺口，并与HP滤波、BK滤波、UC卡尔曼滤波、SVAR方法等方法作比较，研究发现小波降噪具有更强的预测通货膨胀能力。然而，马文涛和魏福成（2011）却认为DSGE模型无论是在通胀预测能力方面或是与基准周期的一致性还是模型的稳定性方面均优于小波降噪。

2.2 “最大化产出”界定下的估计方法

这类潜在产出强调经济体可能达到的最大产出，强调资源或生产要素的充分利用，估计时需要依靠某些经济理论作支撑建立起所投入要素和产出之间的某种关系，然后再估算出潜在生产要素水平，从而估得潜在产出水平。因而，选择不同的经济理论，便有不同的投入产出关系以及不同的估计方法。目前在实践中得到广泛应用的主要有三种。

2.2.1 生产函数法

生产函数法是依据经济增长理论，借助恰当的生产函数来实现，其估算过程如下：先根据实际选择恰当形式的生产函数，然后利用实际产出和生产要素的数据求出参数估计值和相应的生产技术水平，再估算各个生产要素的潜在可利用水平，最后假定生产技术不变的条件下将潜在可利用的生产要素代入生产函数中求得潜在产出。目前很多发达国家和机构，如美国国会预算办公室（CBO）、欧盟委员会（EC）、国际货币基金组织（IMF）等较为认同采用此种方法来估算潜在产出，发展最为成熟的当属 CBO 及 EC 的方法。

CBO（1995、2001、2004、2005）考虑了各部门生产的异质性，将全国 GDP 拆分成非农部门、政府部门、农业部门、家庭和非营利组织以及房地产部门创造的 GDP 之和，以占据了 GDP 总值 75% 的非农部门为例，首先采用了柯布—道格拉斯生产函数的分析框架并假定规模报酬不变，即 $Q_{nfb}=A_{nfb}L_{nfb}^{\alpha}K_{nfb}^{1-\alpha}$，然后运用历史数据估计模型中的参数。在此基础上，利用菲利普斯曲线通过计量方法求出非加速通货膨胀失业率（NAIRU），求得潜在劳动力和潜在就业。针对潜在资本的估算，考虑了不同资本具有相异的生产能力、折旧率及税收优惠，这种异质性导致不能直接将不同类型资本直接相加，故基于资本异质性构造了由不同类型资本组成的加权资本存量，且资本存量的使用即资本服务流会随着经济周期而剧烈波动，但是资本服务流却总是以资本存量为上限，故潜在的资本服务流就是资本存量，不需要进行周期调整。全要素生产率通过索洛剩余来计算，而且还要采用类似于平滑潜在劳动力的方法获得潜在 TFP。最后，将获得的潜在就业、潜在资本、潜在 TFP 代入模型获得潜在产出。剩余其他部门的 GDP 的估计也采用类似的方法，有的估算过程会更简单，因为不需要进行周期调整。

EC（2001、2006、2010）估计潜在产出时，采用的方法与 CBO 的处理思路类似，依旧采用柯布—道格拉斯生产函数，假定规模报酬不变，且投入的劳动和资本存量是经过要素利用过剩程度和利用效率的双重修正，即：$Y=(U_L LE_L)^{\alpha}(U_K KE_K)^{1-\alpha}=L^{\alpha}K^{1-\alpha}\times TFP$，其中，$TFP=(E_L^{\alpha}E_K^{1-\alpha})(U_L^{\alpha}U_K^{1-\alpha})$，反映了投入要素的利用率及其技术水平。要估算潜在产出，同样要估计潜在资本、潜在劳动以及潜在全要素生产率，只是估算细节上会有很多差异。与 CBO 类似，认为潜在资本的最大投入就是整个经济体的资本存量，无须对其进行平滑调整，测算资本存量采用的是最常用的永续盘存法，且其初始资本存量是根据资本产出比来确定，但是EC对资本异质性的考虑远不如CBO那么细致，2010年之前只有笼统的资本存量估算，2010年版本中将固定资产简易地区分为房地产类资本和非房地产类资本；与CBO不同，EC将劳动投入定义为小时数，通过工作年龄人口总数、HP滤波后趋势劳动参与率及趋势工作小时数相乘获得潜在劳动投入。潜在TFP序列2010年之前使用HP滤波去除趋势获得，2010年及以后通过构建TFP与资源利用率双变量的Kalman滤波去除趋势获得，这种方法上的改进明显缓解了终端样本问题以及减少了TFP序列的修正。

国内运用生产函数法估计潜在产出的文献也很多，但是具体的技术手段上有差异。沈利生（1999）在柯布—道格拉斯生产函数中引入设备利用率u，运用克莱因教授提出的“过峰趋势技术”（假定峰值年份上设备得到了充分利用）先估计出设备利用率序列u（其值通常小于1，个别峰值年份等于1），然后使用OLS方法估计柯布-道格拉斯生产函数得到参数估计值，最后假定$u=1$就可以得到潜在GDP。陆军和钟丹（2003）同样采用柯布—道格拉斯生产函数，用全国的固定资产净值代表潜在资本存量，以经济活动人口总数代表潜在劳动，用OLS估计后的索洛剩余经HP滤波平滑处理后序列代表潜在TFP，最后回代得到潜在产出。郭庆旺和贾俊雪（2004）使用类似于EC的估计方法，依旧采用柯布—道格拉斯生产函数，遵循规模报酬不变假定，采用永续盘存法（PIM）方法估算资本存量（并未对资本进行分类），然后运用OLS估计得到全要素生产率序列及参数估计值；使用HP滤波得到趋势TFP；鉴于我国缺乏参与率与失业率数据的实际，使用HP滤波获得趋势全社会经济活动总人数，然后再次使用HP滤波对劳动就业人数与经济活动人数的比值进行分解得出的趋势成分替代NAWRU，从而估算出了潜在劳动及潜在产出。黄梅波和吕朝凤（2010）估算潜在产出的方法与郭庆旺等（2004）一致，三个细节上进行了微调：一是资本存量估算时使用了固定资产形成额作为每年投资额以及折中折旧率6.67%；二是建立的回归方程中，引入了三个虚拟变量，分别表征科技进步、市场转轨及宏观政策的变化，并针对估计中出现的自相关问题引入误差修正项进行修正；三是计算潜在就业人数时以总人口数替代了经济活动人数。中国人民银行营业管理部（2011）依旧采用PIM方法估计了资本存量，然后直接使用柯布—道格拉斯总量生产函数进行估计发现：资本弹性和劳动弹性之和为1.451，属于规模报酬递增，这与CBO（2001）、郭庆旺等（2004）、黄梅波等（2010）、EC（2010）中规模报酬不变的假定不一致，TFP序列由总量生产函数求得后通过HP滤波平滑分离出趋势TFP，潜在劳动与潜在产出的估算与郭庆旺等（2004）的处理均相同。高铁梅和梁云芳（2005）与前面的处理思路不同，同样依赖于柯布—道格拉斯生产函数：$Y_t^* = AK_t^{*\alpha}L_t^{*\beta}$，其中：$Y_t^*$ 是实际产出经HP滤波分离出的趋势产出，K_t^* 采用PIM方法估算资本存量，并假定资本的利用率为1，L_t^* 用经济活动人口来代替，经OLS回归后得到的 Y_t^* 的拟合值 Y_t^{2*}，即为潜在产出。

2.2.2 混合性估计方法

混合性估计方法将统计分解趋势法和经济结构关系方法相结合起来，其目的不仅仅是分离出潜在产出，而是通过引入菲利普斯曲线和奥肯定律等理论，使其尽量反应更多经济信息，在此基础上估算出的潜在产出经济意义得到增强。主要有以下几种。

一是SVAR模型。该模型最先由西姆斯（1980）提出，布兰查德和匡赫（1989）将其运用到潜在产出估计的研究中，该方法假定经济中存在两种互不相关的冲击，认为第一种冲击只会对产出造成持久性的影响，而第二种冲击则会对于产出带来暂时性的影响，两种冲击均不会对失业产生长期影响，并把第一种冲击解释为供给冲击，第二种冲击解释为需求冲击，然后使用美国对数化的国民生产总值与失业率数据，并依据之前假定对需求冲击的长期影响施加了零约束条件，构建了SVAR模型，从而通过模型系统中识别出供给冲击和需求冲击，将产出中的周期成分分离出来，从而可以得到产出缺口和潜在产出。赵昕东（2008）基于中国1983~2007年实际GDP与通货膨胀率数据，首次建立了两变量SVAR模型估计中国的潜在产出。郭红兵和陈平（2010）在此基础上，增加了失业率，建立了三变量的SVAR模型。马文涛和魏福成（2011）借鉴他们的成果，构建了GDP与通货膨胀率两变量的SVAR模型，却认为该模型的估算效果明显不如DSGE模型。

二是多变量动态系统方法。在普通的统计趋势分解方法中，通常会假定经济体所服从的过程类型。多变量动态系统方法则是在此基础上，将能反应产出、失业和通货膨胀关系的经济理论或结构信息引入进来，如奥肯定律或菲利普斯曲线等，从而构建出一个系统方程组来估计潜在产出和产出缺口。斯托克和沃森（1988）借助于宏观时间序列的协同信息而提出的多变量BN分解方法，张成思（2009）运用此方法和贝叶斯吉布斯抽样估计估算了中国1985～2008年期间的季度产出缺口；拉克斯顿和泰特洛（1992）把菲利普斯曲线、奥肯定律方程和生产能力利用率方程纳入损失函数而提出的多变量HP滤波法；库特纳（1994）把菲利普斯曲线纳入观测方程而提出的多变量UC－Karlman滤波法。国内这方面的文献也颇为丰硕。刘金全和刘志刚（2004）运用包括双变量状态空间模型在内的五种方法分别对GDP增长率序列进行了分解，认为双变量状态空间分解效果最为精准。刘斌和张怀清（2001）、许召元（2005）、石柱鲜和王立勇（2006）、王子博（2012）均运用了多变量Kalman滤波法估计中国的潜在产出和产出缺口。赵昕东和耿鹏（2009）将贝叶斯吉布斯样本生成方法应用到状态空间模型中，估算了中国1980～2008年的潜在增长率，结果表明参数和状态向量的估计值明显优于Kalman滤波极大似然估计的结果。

三是其他估计方法。杨旭等（2007）推导出了城乡二元结构下奥肯定律的方程形式，并利用1986～2004年的数据得到了样本内中国潜在产出增长率。赵昕东（2008）以菲利普斯曲线方程为理论基础，选取了1982～2006年为样本区间估算了产出缺口，并认为估算结果在对通胀预测方面明显好于HP滤波。

2.2.3　动态随机一般均衡方法（DSGE）

与之前的两种方法不同，动态随机一般均衡模型是从微观主体个体出发，通过经济个体跨期最优化决策问题求解得到各代理人的最优化行为方程，从而构建了动态系统联立方程组，然后通过广义矩、极大似然法或贝叶斯等方法来估计参数，在此基础上分析各个冲击对主要经济变量的动态影响。早期的DSGE模型通常假定无摩擦的完全竞争市场、价格可以灵活调整；当在模型设定中引入了价格粘性和不完全竞争性市场等因素时，就形成了目前主流的新凯恩斯 DSGE 模型。在该模型架构下，潜在产出通常被定义为既定偏好、技术和信息结构等约束条件下，价格与工资灵活变动时的产出，又因此时的通货膨胀处于长期均衡值，既不会上升也不会下降，即达到 NAIRU 状态下的产出。加利（2001）最早基于新凯恩斯 DSGE 模型探讨产出缺口，给这一概念赋予了准确的含义，即当不存在名义刚性时产出对其均衡值的偏离，尽管他的目的是分析产出缺口与最优货币政策的关系，但利用美国战后的经济数据进行测度后发现产出缺口估计值与传统方法（生产函数法、HP 滤波和二次退势法）的结果差异显著。斯梅茨和武泰（2002）将潜在产出界定为价格工资灵活可变时的产出水平，然后基于新凯恩斯 DSGE 模型对欧盟的经济进行了分析，发现 DSGE 模型估计的潜在产出与具有平滑趋势的传统方法相比差异显著。广濑康夫和长沼纱織（2007）将产出缺口理解为对灵活价格均衡条件下产出水平的偏离，通过贝叶斯估计结构参数，基于 DSGE 模型测度了美国的产出缺口，与其他方法相比，这种度量能更好地描绘美国经济周期变化。康内恩等（2009）界定的潜在产出与斯梅茨（2002）一样，然后使用了一种大型的 DSGE – NAWM 模型（New Area – Wide Model）对欧盟的产出缺口进行了估计，结果表明：基于 NAWM 测量的产出缺口与传统方法（HP 滤波法）的结果差异很大且呈现出了更大的波动性。笛木拓司等（2010）认为有效产出是价格和工资可以随着市场变化而灵活调整且不存在价格和工资冲击条件下的产出水平，而将潜在产出视为仅由增长率冲击引发的有效产出的一部分，然后使用基于贝叶斯估计的 DSGE 模型对日本的潜在产出和产出缺口进行了估算，研究发现其估算潜在增长率显示出较高的平滑度，且与传统方法测量结果的变动紧密相关。维特洛夫等（2011）鉴于 DSGE 方法在欧盟地区的广泛使用，从潜在产出概念的界定和实证分析两个方面进行了梳理，并将 DSGE 模型与传统方法的估算结果进行了比较，认为 DSGE 模型对潜在产出的衡量能给予更深层次的结构型阐释，有益于通货膨胀压力的测量。目前国内的相关文献只有马文涛和魏福成（2011），他们首次采用 DSGE 模型估计中国的产出缺口，相关模型参数亦是通过贝叶斯方法估计，研究发现：与 HP 滤波、BK 滤波、SVAR 模型、不可观测成分以及小波降噪等传统方法相比，DSGE 估计结果具有更强的通胀预测能力、保持了与经济周期变化更高的一致性以及更好的测度稳定性，具有较强的稳健性。

2.3 本章小结

潜在增长率的测算本质上就是潜在产出的估算。美国经济学家奥肯 1962 年提出潜在产出概念之后，演绎到目前尚未有统一的界定。现有文献中较为流行的含义界定有两种。一种是剔除掉暂时性冲击影响后的实际产出的趋势值，据此测算出的趋势增长率定义为潜在增长率。另一种是指一国的各种资源充分利用条件下可达到的最大化产出水平，此时，潜在产出是实际产出的最大可能边界，在这种状态下其资源的利用不会诱发或降低通货膨胀，据此计算得到的增长率定义为潜在增长率。潜在产出的含义不同，所采用的估算方法也存在较大的差异，但每种方法都有各自的优缺点。

统计分解趋势法适用于“趋势产出”含义，因测算潜在产出的假设条件不同而方法各异，总体而言此类方法使用的变量少，数据可得性较高，计量过程相对简便，然而该类方法只是一种纯粹的统计技术平滑手段，没有经济理论的支持，所以这种方法可靠性时常引起质疑。引入结构信息的混合估计方法尽管部分上弥补此缺陷，但这些理论是否适合中国的实际情况尚待考究，关于不可观测变量服从的随机过程的假定也带有一定的主观性。DSGE 模型构建了动态系统联立方程组，体现了各微观主体的跨期最优决策过程，具有良好的微观基础，只是该方法估计结果的稳定性以及未来的预测能力争议颇多。生产函数法适用于“最大化产出”含义，该方法的估算过程较为复杂，在运用过程中也存在诸多难点，如生产函数的选择，规模报酬是否可变，潜在资本存量及潜在就业的数据如何估算等，但是该方法更侧重于测量经济体的供给能力，有较强的经济理论做支撑，能较为全面地体现了要素投入与产出之间的数量关系，更能显性地反映和衡量出各生产要素对经济增长的贡献大小，尤其是 CBO 方法还考虑了不同 GDP 生产部门的差异，能揭示出经济体更深层的内容，预测未来趋势准确性更高。也正是如此，才常被美国国会预算办公室、欧盟委员会、国际货币基金组织等广泛使用。

鉴于此，本书采用“最大化产出”的含义界定，即潜在增长率是一国的各种资源充分利用条件下达到的最大产出的增长率，并选择生产函数法来测算我国的潜在产出及潜在经济增长率，着重于测算我国经济的供给能力和增长潜力。目标增长率的确定要适应潜在增长率，对潜在增长率的有效测度不仅能准确地判断经济体运行的最大限度，更能为未来宏观经济发展战略以及当前宏观经济政策的制定提供决策参考。

第 3 章　实物资本与人力资本配置的最佳比例

对微观企业而言，考虑的是如何将有限的资源分配在各种产品上以取得最大化的利润；对消费者而言，考虑的是如何将有限的收入分配在各种消费品上以获得最大的效用满足。微观主体利益最大化决策的核心就是实现资源的有效配置。那么，对一国的宏观经济而言亦是如此，实物资本与人力资本作为推动经济增长的两大重要因素，二者之间是否实现了有效配置是值得深究的问题。由于制度缺陷、经济非自由化和不完全信息的作用，生产要素间容易发生不同层面的错配而引发技术效率的损失（王林辉和高庆昆，2013）。本章在梳理要素配置与经济增长关系的基础上，从数理上推导了两种资本存在的最佳比例，在此基础上，基于要素合理配置视角对潜在产出的含义进行了扩展，将潜在产出拓展为实物资本与人力资本达到最佳配置比例时的产出水平，为后续研究内容的展开搭建一个合理的框架。

3.1　有关要素配置与经济增长间关系的研究综述

不仅生产要素投入总量的增加可以推动经济增长，而且生产要素的配置效率对经济增长也会产生重要的影响。越来越多的文献开始关注于要素配置与经济增长之间的关系。研究的维度有两个：一是不同生产要素间的合理配置；二是单一生产要素的有效配置。

3.1.1 要素配置的宏观经济增长效应

部分学者的研究焦点集中于宏观层面，探讨两种或两种以上的生产要素配置如何影响宏观经济增长。沈利生和朱法运（1999）曾建立了包含129个方程的联立方程组模型，通过设计不同方案模拟了固定资产投资和教育投资对经济增长影响，研究发现：当减少0.8%的固定资产投资等额增加10%的教育经费时，GDP在1982～1995年共增加824亿元；当减少10%的教育经费等额增加0.8%的固定资产投资时，GDP在1982～1995年间共减少1160亿元；当教育经费每年增加1倍，固定资产大致每年减少8%时，GDP在1982～1991年间每年都会增加，而在1992～1995年每年都会减少，呈现倒U形，这意味着：固定资产投资与教育经费的比例应该保持在一个相对合理的区间内，减少固定资产投资增加教育经费也应该在一定限度内，超出这个限度对经济增长会起到副作用。赫克曼（2002）通过援引联合国教科文组织1999年提供的数据，发现：中国教育支出占GDP的比例只有2.5%，实物资本投资占GDP的比例却在30%左右，而同期美国的数据分别为5.7%和17%，中国实物资本与人力资本投资的比值明显高于世界上的大多数国家，并对中国人力资本的真实回报率进行了测算发现可能高达30%～40%，高于实物资本的回报率，在此基础上从开放劳动力市场、消除工资和受教育机会的区域差异、扩大政府教育支出预算、均等化不同区域公共教育支出等方面提高人力资本的存量，通过均等化实物资本和人力资本投资的回报率从而提高经济增长。胡永远和刘永呈（2005）选取1996～2000年中国28个地区的实物资本和人力资本的数据，建立联立方程采用GMM方法进行估计，发现中国不同地区间的人力资本和实物资本存在互补性，人力资本对实物资本的影响程度明显大于实物资本对人力资本的影响程度，并进一步提出长期来看中国各地区实物资本和人力资本应协调发展，有利于减缓单一资本的边际报酬递减。沈利生和边雅静（2005）、边雅静（2011）使用最优化问题求解和两种要素的边际产出相等两种思路，从数理上进行了推导，论证得出实物资本与人力资本的最佳比例为二者的产出弹性之比。李海峥等（2013）在测算中国省域的人力资本存量的基础上，发现中国人力资本投资的边际回报率高于固定资本投资，人力资本的生产效率相对于实物资本正呈现提高的趋势。

尽管上述文献采用的方法不同，但研究结论基本相同：中国固定资产投资占 GDP 的比重远远高于人力资本投资占 GDP 的比重，人力资本的边际回报率高于固定资产投资的边际回报率，这意味着中国应调整资本投资的结构，使得固定资产投资与人力资本投资保持一个适当的比例或合理的区间，从而使中国经济实现更快增长。

3.1.2　要素配置的产业发展效应

部分学者的研究焦点集中于中观层面，分析生产要素在不同产业间的配置如何影响经济增长。

有些学者从要素配置与产业升级之间关系的视角进行探讨。如李耀新和乌家培（1994）认为产业结构调整的实质就是实现产业间生产要素配置的优化。韩江波（2012）将生产要素划分为初级和高级两类，其中，初级生产要素主要指简单劳动力、实物资本和自然资源，高级生产要素指人力资本、知识、技术、制度及其他无形要素，认为不同工业化阶段需要不同的主导生产要素，产业升级的过程是生产要素配置的过程。综合这些观点，认为生产要素在产业间的优化配置，将会推动产业结构的不断升级，从而提升经济增长的质量。

有些学者从要素跨产业配置效率视角进行探讨。如麦迪森（2007）经过粗略测算发现：如果我国允许劳动力跨部门流动重新配置，将会使 1952 ~ 1978 年间的年均 GDP 增长率提高 0.88%，1978 ~ 2003 年间的年均增长率提高 2.01%，要素重置对 GDP 增长有一定的促进作用。温杰等（2010）测算了我国产业结构变迁中的资源再配置效应，发现各次产业的资本和劳动边际生产率存在较大差异，1978 ~ 2007 年产业间的资源再配置效应年均增长 0.81%，对 TFP 的贡献率为 21.53%。丁志国等（2012）利用空间面板模型测度了劳动力、固定资产投资和技术进步等生产要素在三次产业间的配置效率，发现技术进步能显著地促进三次产业的发展，作用效果明显强于固定资产投资和劳动力；固定资产投资对第二产业和第三产业的促进作用较为显著，对第一产业则不显著；劳动力对三次产业发展的促进作用均不显著。姚战琪（2009）基于6大产业部门和33个工业分部门的面板数据同时采用数据包络分析和随机前沿生产函数法计算了经济总体和工业部门的全要素生产率，并在此基础上测算了要素再配置效应，研究发现：第一产业的资本边际产出率长期大于第二产业和第三产业，第一产业的劳动生产率明显低于第二产业和第三产业且差距迅速增大，经济总体和工业部门的要素总配置效应较低，尤其是资本生产率再配置效应均为负值。赵春雨等（2011）基于跨产业面板数据分别采用Malmquist指数和Malmquist－Luenberger指数测算了经济总体8大部门和18个工业部门的生产率增长，研究发现：无论是经济总体还是工业行业全要素生产率（TFP）均在特定年份后呈现下降趋势，除经济总体的劳动要素配置效率伴随生产率增长而增长外，经济总体的资本配置效率、工业部门的资本和劳动配置效率均为负值，在此基础上，经估算发现，TFP增长能显著地促进经济增长，而要素重置效应的贡献则为负。尽管上述文献关于产业划分的详尽程度不同，但研究思路都是在测算经济部门全要素生产率和单一要素或是两种要素（如资本和劳动）的跨产业配置效率的基础上，估算生产要素重置的效应，只是结论分化较为明显。有的观点认为要素重置效应显著，未来可通过优化产业结构来提高资源配置效率，带动经济增长。有的则认为重置效应较低，这主要是由于经济各部门内部要素配置的不合理和要素在部门间配置的扭曲所造成。

有些学者从要素结构与要素配置效率间关系的视角进行探讨。如王林辉和袁礼（2012）采用动态非参数生产率指数法在测算八大产业的要素配置效率的基础上，探讨了要素结构对要素配置效率的影响，研究发现：我国多数产业资本积累过多造成要素拥挤，资本与劳动的配比结构不合理；资本结构调整对要素配置有正向但不显著的影响，劳动力结构调整对要素配置有正向显著的促进作用。

3.1.3 要素配置的微观效率改进

部分学者的研究焦点则集中于微观层面，分析生产要素在不同企业间的配置差异如何影响全要素生产率（TFP）及一国的经济增长。班纳吉和迪弗洛

(2004) 通过微观数据研究发现，同一经济体内不同公司间实物资本和人力资本的回报率存在着较大的差异，这意味着传统增长理论关于每个经济体内的资源达到了最优配置的假定是不成立的，换句话说，经济体内部的资源并未实现最优配置。雷斯图西亚和罗杰森（2008）构建了一个新古典增长模型，并基于美国的数据进行校准后发现，对生产率不同的企业进行补贴和征税会导致总产出和 TFP 减少 30% ~50%，进而认为各国普遍存在的补贴或管制等政策会引致资源配置的差异，这种差异可能是形成人均产出跨国差异的重要因素。谢长泰和克莱诺（2007）采用了一个标准的垄断竞争模型，并基于中国和印度制造企业的微观数据对两国资源误置的程度进行了测算，发现中国和印度不同企业间资本和劳动力边际产品的差异明显大于美国，并假定如果按照美国观测到边际产品分布重新配置资源的话，中国的 TFP 将会提高 30% ~50%，印度的 TFP 将会提高 40% ~60%。在此基础上，阿尔法罗等（2008）构建了一个包含垄断竞争厂商在内的新古典增长模型，并基于 79 个发达国家和发展中国家企业的数据，研究发现：不同企业间包含人力资本和实物资本在内的各种资源的配置差异解释了 40% 的劳均收入的跨国差异，这意味着企业间的资源误置①是形成劳均收入跨国差异的关键因素。贝塔斯曼等（2009）基于美国、4 个西欧工业化国家和 3 个转型东欧国家的企业数据，采用 OP 方法对企业的 TFP 进行了分解后发现，不同国家的行业内规模与生产率协方差受到现存的各种特质扭曲②的影响，存在着较大的差异，其中，美国最大，西欧国家次之，东欧国家最弱。

近几年来，关于中国企业要素配置对经济增长影响的文献也越来越多。涂正革和肖耿（2005）基于中国大中型工业企业 1995 ~2002 年的数据采用随机前沿生产模型进行测算，研究发现资源配置效率的提高促进生产率平均每年增长 0.02 个百分点。谢千里等（2008）基于中国 1998 年和 2005 年全部国有及规模以上工业企业的数据，研究发现：企业的进入和退出、企业的改制会带来

① 资源误置（resources misallocation），是指资源没有达到最优配置，沿用了聂辉华和贾瑞雪（2011）中的表述方式。

② 特质扭曲（idiosyncratic distortion），是对各种各样的扭曲方式的总称，形成的原因可能多种多样，比如，法律对企业规模的要求、政府对企业实质上的帮助或支持、受贿或寻租等。

较高的生产率增长率；从区域上看，东北地区的资本生产率落后于沿海地区，西部地区所有形式的生产率都最低。杜大伟和魏尚进（2007）基于中国120个城市12400家企业2002～2004年的调查数据分析发现，中国存在系统性的资本配置扭曲，这导致了不同所有制企业、不同区域企业以及不同部门企业的资本边际回报率是不相等的，并进一步经过测算，如果中国能提高其资本配置效率的话，完全可以在不损失经济增长的前提下减少8%的资本存量。勃兰特等（2009）基于中国1998～2006年国有制造企业以及规模以上非国有制造业企业的数据对TFP增长率进行研究发现，新进入的企业是推动生产率提高的特殊动力，而企业在退出前生产率都经历了大幅的下降，TFP增长率大体上有50%是由净入企业贡献，并进一步提出因为中国对企业自由进入和退出实施了限制，资源无法从低效率的企业流向高效率的企业，所以中国的TFP增长受到了约束。这意味着，如果解除这种限制资源可以重新配置的话，中国企业的TFP将会得到很大的提高。聂辉华和贾瑞雪（2011）基于1999～2007年中国全部国有及规模以上制造业企业数据，采取OP方法估计了企业的TFP离散度和TFP分解，从分年份、分所有制、分地区、分行业四个方面刻画了中国制造业资源误置的严重程度，研究发现：国有企业是资源误置的主要因素，但资源误置的程度在时间趋势上逐步缓解；资源只是近似于随机分配，并没有按照生产率的贡献配置给相应的企业；行业内部的资源重置效应近似于0，企业的进入和退出没有发挥正面的效应；市场经济越发达，TFP水平越高，资源误置程度越低，同时各地区的TFP水平和资源误置程度有明显的收敛趋势。李静等（2012）基于中国2007年全国工业企业的数据，从所有制、行业和区域三个方面测算企业资源错配的程度和TFP发展潜力，研究发现：国有和集体企业、重工业企业和中西部地区的资源错配程度较高，外商和港澳台企业、轻工业和东部地区的资源错配程度较低，并进一步测算，如果资本和劳动的错配能有效消除的话，全部企业的TFP可以提高51%以上。杨振和陈甬军（2013）基于1998～2007年中国制造业微观企业数据测度了劳动要素在产业内、产业间存在的配置扭曲程度，指出劳动误置情况在样本期间并未得到改善，并经过进一步测算发现如果制造业的劳动要素向“正确”方向流动一单位，将给每个企业平均带来12041元至13426元的福利改善。

综合上述研究文献成果，要素配置的研究维度来有两个：一是不同生产要素之间的合理配置，二是单一生产要素的合理配置；研究层面有三个：一是要素配置的宏观经济增长效应，二是要素配置的产业发展效应，三是要素配置的微观效率改进；从研究方法来看，大多是将数理分析和实证分析相结合，通过数理模型推导最佳配置比例，然后基于各类数据测度生产要素重置的经济效应，目前采用的实证方法多以 Malmquist 指数、数据包络分析、随机前沿生产模型和 OP 方法为主。尽管采用的方法不同，但结论基本相似：在同一经济体内部，不仅不同生产要素的要素回报率存在着差异，而且不同行业、不同区域、不同企业间的同一生产要素的回报率也存在着较大的差异，这意味着传统增长理论关于每个经济体内的资源达到了最优配置的假定不成立。换句话说，经济体内部的资源并未实现最优配置。我国各种生产要素之间的配置、同一要素在不同行业、不同区域、不同企业间的配置都存在着不同程度的错配现象，如果能有效地消除要素错配现象，实现生产要素的有效配置，那么，我国的生产效率将会得到极大的提高，经济会实现更快更好地增长。

3.2　实物资本与人力资本最佳配置比例的数理推导

既然生产要素的合理配置能有效地促进经济增长，那么，实物资本与人力资本作为推动经济增长的两大重要因素，二者之间是否实现了合理配置？是否存在着一个最佳比例从而使得一国的产出实现最大化呢？

3.2.1　数理推导过程及结论

曼昆等（1992）在原有 Solow 经济增长模型基础上，加入了人力资本存量变量，形成了扩展的 Solow 模型，函数形式如式（3－1）：

$$Y = K^{\alpha} H^{\beta} (AL)^{1-\alpha-\beta} \tag{3-1}$$

其中，Y 表示产出，K、H 分别代表实物资本存量和人力资本存量，AL 为有效劳动，α 和 β 分别代表实物资本和人力资本的产出弹性，且都大于 0 小于

1，同时假定规模报酬不变。

正如前面文献梳理的结果，实物资本和人力资本作为两种生产投入要素，在两种资本总量之和保持不变的条件下，它们彼此间应会存在一个最优的比例使得产出最大化①。在两种资本均采用货币计量的前提下，不妨假设：实物资本与人力资本的比例为 R，即：

$$K/H = R \tag{3-2}$$

那么，最优 R 的求解便可转化为式如下最大化问题：

$$\text{Max } Y = K^{\alpha}H^{\beta}(AL)^{1-\alpha-\beta} \tag{3-3}$$

$$\text{S. t. } K + H = C \tag{3-4}$$

其中，式（3－4）的约束条件代表两种资本总和为常数 C。

由式（3－2）可得：

$$K = RH \tag{3-5}$$

将式（3－5）分别代入式（3－3）和式（3－4），经整理后得：

$$\text{Max } Y = R^{\alpha}H^{\alpha+\beta}(AL)^{1-\alpha-\beta} \tag{3-6}$$

$$\text{S. t. } C = (R+1)H \tag{3-7}$$

对式（3－6）两边取对数，得到对数化目标函数如下：

$$\ln Y = \alpha\ln R + (\alpha+\beta)\ln H + (1-\alpha-\beta)\ln(AL) \tag{3-8}$$

根据式（3－8）和式（3－7）构建拉格朗日函数：

$$L = \alpha\ln R + (\alpha+\beta)\ln H + (1-\alpha-\beta)\ln(AL) + \lambda[C-(R+1)H] \tag{3-9}$$

基于式（3－9）分别对 R 和 H 求一阶偏导并等于 0：

$$\frac{\partial L}{\partial R} = \frac{\alpha}{R} - \lambda H = 0 \tag{3-10}$$

$$\frac{\partial L}{\partial H} = \frac{\alpha+\beta}{H} - \lambda(R+1) = 0 \tag{3-11}$$

联合式（3－10）和式（3－11），可以求解得到使得产出最大化的 R^*，见式（3－12）：

---

① 此处要求两种资本有相同的计量单位，例如都用货币作为计量单位。如果两种资本的计量单位不同，例如实物资本的计量单位是货币，人力资本的计量单位是劳动者受教育年数，两种资本不能相加，就不能用于本书的模型。

$$R^* = \frac{\alpha}{\beta} \tag{3-12}$$

也就是说：当两种资本总量不变的条件下，只有当实物资本与人力资本的比例 R 等于实物资本与人力资本的产出弹性之比 α/β 时，产出 Y 达到最大。

如果规模报酬递增或递减情况下，上述结论是否会发生变化呢？为此，对式（3－1）进行适当变形，使其不受到规模报酬不变的约束条件，具体形式如式（3－13）或式（3－14）：

$$Y = K^{\alpha} H^{\beta} (AL)^{\gamma} \tag{3-13}$$

或

$$Y = AK^{\alpha} H^{\beta} L^{\gamma} \tag{3-14}$$

上述两种表达式本质上并无区别，只是对于 A 的定义不同。

当 $\alpha+\beta+\gamma=1$ 时，便是规模报酬不变；

当 $\alpha+\beta+\gamma>1$ 时，属于规模报酬递增；

当 $\alpha+\beta+\gamma<1$ 时，属于规模报酬递减。

采用前面类似的推导方法，对数目标函数可设定为式（3－15）或式（3－16）：

$$\ln Y = \alpha \ln R + (\alpha+\beta)\ln H + \gamma \ln(AL) \tag{3-15}$$

$$\ln Y = \ln A + \alpha \ln R + (\alpha+\beta)\ln H + \gamma \ln L \tag{3-16}$$

约束条件与前面相同，依据式（3－15）或式（3－16）构建拉格朗日函数：

$$L = \alpha \ln R + (\alpha+\beta)\ln H + \gamma \ln(AL) + \lambda[C-(R+1)H] \tag{3-17}$$

$$L = \ln A + \alpha \ln R + (\alpha+\beta)\ln H + \gamma \ln L + \lambda[C-(R+1)H] \tag{3-18}$$

基于式（3－17）或式（3－18）分别对 R 和 H 求一阶偏导，并令其等于0，可以求得最优化的 R^*，见式（3－19）：

$$R^* = \frac{\alpha}{\beta} \tag{3-19}$$

这与前面的结论一致。这意味着，无论生产函数的规模报酬不变、规模报酬递增还是规模报酬递减，两种资本的最佳配置比例均为其产出弹性之比，此时，可以在保持两种资本总量之和不变的情况下，产出达到最大。

3.2.2 上述结论的经济意义解释

在实物资本和人力资本总量之和一定的条件下，增加实物资本存量，人力资本存量必会减少；反之，增加人力资本存量，实物资本存量亦会减少，然而生产要素的增减变化会引致产出发生变动。如果实物资本的边际产出小于人力资本的边际产出，那么，增加人力资本减少实物资本会导致总产出增加；反之，如果实物资本的边际产出大于人力资本的边际产出，那么，增加实物资本减少人力资本会导致总产出增加。换句话说，如果在经济发展过程中两种资本的边际产出不相等时，就可以进行要素间的结构调整，允许两种资本之间进行流动和替换，而要素结构调整遵循的原则就是增加边际产出大的生产要素投入，减少边际产出小的生产要素投入，从而增加总产出，这一调整过程直至两种资本的边际产出相等时结束，因为此时生产要素内部结构的调整不会引起总产出的增加，两种要素的配置达到最佳比例。

依据式（3－3）分别对实物资本和人力资本求偏导数，得到两种资本的边际产出，分别表示为式（3－20）和式（3－21）：

$$\frac{\partial Y}{\partial K}=\alpha K^{\alpha-1}H^{\beta}(AL)^{1-\alpha-\beta}=\alpha\frac{Y}{K} \tag{3-20}$$

$$\frac{\partial Y}{\partial H}=\beta K^{\alpha}H^{\beta-1}(AL)^{1-\alpha-\beta}=\beta\frac{Y}{H} \tag{3-21}$$

两种资本的边际产出相等时，二者达到的最佳配置比例，这意味着式（3－22）成立，即：

$$\frac{\partial Y}{\partial K}=\frac{\partial Y}{\partial H}\Rightarrow\frac{K}{H}=\frac{\alpha}{\beta} \tag{3-22}$$

此时，生产要素内部结构的调整不会引起总产出的增加。换句话说，当实物资本和人力资本的最佳配置比例达到二者的产出弹性之比时，两种资本的边际产出相等，此时，在资本总量不变的情况下，调整要素结构的内在动力消失，总产出实现了最大化。

3.3　要素最佳配置视角下潜在增长率内涵的拓展

3.3.1　中国固定资产投资与教育投资的比较

在社会生产实践过程中，实物资本与人力资本之比是否达到其产出弹性之比，需要经过详细的测算才能得出相应的结论。实物资本是通过固定资产投资而形成，人力资本形成的主要方式和渠道是教育投资。

图 3 - 1 显示了 1978 ~ 2014 年以来中国全社会固定资产投资与教育投资的对比情况。经比较可以发现：每年的全社会固定资产投资额均明显大于当年的教育经费总投入，且两种投资绝对额相差悬殊。以 2014 年为例[①]，全社会固定资产投资额为 512020. 7 亿元，同年教育经费总投入仅为 32806. 5 亿元，前者是后者的 15. 61 倍，两种投资绝对额差额达到 479214. 2 亿元。

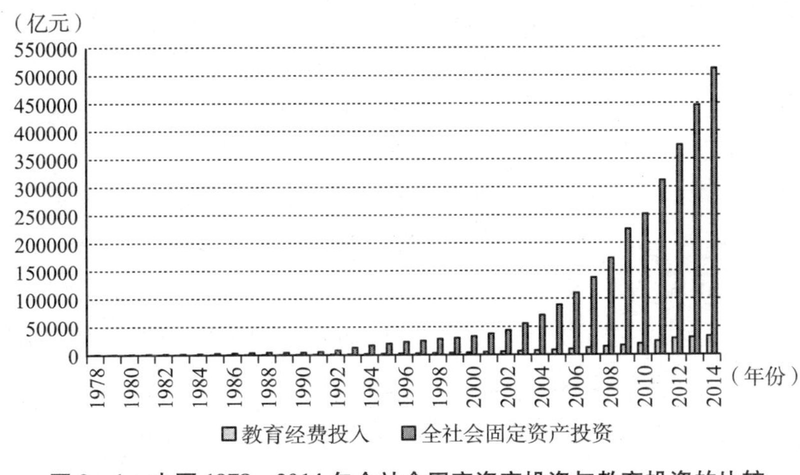

图 3 - 1　中国 1978 ~ 2014 年全社会固定资产投资与教育投资的比较

资料来源：国家统计局的年度数据库。

---

① 此处的全社会固定资产投资和教育经费金额都是当年价。

图3-2描绘了1978～2014年全社会固定资产与教育投资比值的变化趋势。整体而言，两种投资的比值呈现出较大的波动，其中，1988年、1993年和2009年分别是三个波峰年份，全社会固定资产投资分别是教育投资的14.36倍、12.33倍和13.61倍；而1990年和2002年分别是两个谷底年份，全社会固定资产投资分别是教育投资6.85倍和7.94倍，37年间二者的平均倍数仍为10.56。由图3-2可见，1979～1988年时段和2003～2014年时段，二者的比值呈现快速上升特点，这主要是由于国家宏观调控政策的变化引发固定资产投资过猛增长所致，与此同时，教育投资却一直保持缓慢增长态势。

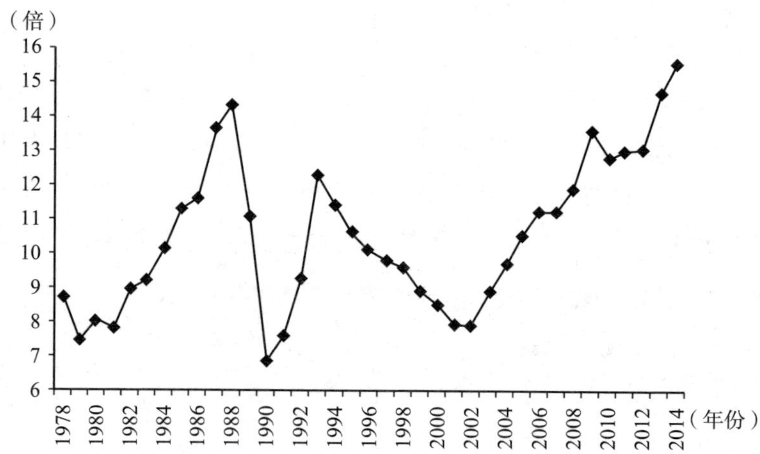

图3-2　中国1978～2014年全社会固定资产与教育投资比例的变化趋势

图3-3比较了我国1978～2014年全社会固定资产投资与教育经费总投入在当年GDP总额中占比情况，可以发现：两种投资比重相差悬殊。全社会固定资产投资比重1979年最低，为17.06%，2014年最高，达到79.51%；从变化趋势来看，全社会固定资产投资比重2003年前总体上呈现上扬趋势但变化较为平缓，年均增长率只有2.86%，自2003年开始增速明显加快，年均增长率为6.34%，比之前高出3.48个百分点。教育经费投入比重1978年最低，为2.09%，之后一直缓慢上升，直至2012年达到5.34%，年均增长率只有2.85%。早在1993年，中共中央、国务院发布《中国教育改革和发展纲要》就提出，国家财政性教育经费支出占GDP比例要达到4%，然而这一目标直到19年后的2012年才首次实现。

图3－3　全社会固定资产投资比重与教育经费投入比重的比较

3.3.2　要素合理配置视角下潜在产出的含义

综合前面的分析，相对于教育投资而言，全社会固定资产投资绝对额偏大且增速较快。那么，直觉的结论是：在当前投资模式下所形成的实物资本与人力资本存量之比很可能远高于两种资本的产出弹性之比。但这一结论是否成立，还需要结合各类投资形成资本过程的不同进一步估算才能验证。

如果估算结果表明实物资本与人力资本存量之比不处于最佳比例点，无论是偏大还是偏小都意味着实物资本与人力资本并未达到最佳的要素配置比例，那么，在实物资本和人力资本之和保持不变前提下，通过调整实物资本和人力资本的结构，就可以实现产出的最大化。换言之，当实物资本与人力资本达到最佳配置比例时，可以实现现有生产要素利用率条件下的产出最大化，本书将此时的最大化产出定义为"潜在产出"，这种界定是对前文"最大化产出"概念含义的拓展和延伸，由此计算出的增长率定义为潜在增长率。反之，当两种资本的实际比例未达到最佳配置比例时，由于存在要素的错配，其实际产出一定低于潜在产出。以往文献将实际产出与潜在产出的差额定义为产出缺口，产出缺口方向及大小的变化反映了总需求和总供给的匹配情况，因而成为制定宏观经济政策的重要依据。如果采用该口径来测算，本书的产出缺口均为负值，但其并不能反映出总需求小于总供给，该缺口测度的是实物资本与人力资本未达到最佳配置比例时引致的产出损失的大小。因此，为了避免与以往文献中定义的产出缺口相混淆，本书将潜在产出与实际产出的差额定义为潜在损失，以此来反映两种资本要素错配带来的效率损失的大小。在此基础上，将潜在损失与实际产出的比值定义为潜在损失率。

然而，在现实中已经形成的实物资本和人力资本之间不可能再相互转换，两种资本结构的调整只能依赖于在未来的增量投资中逐步进行调整。当实物资本与人力资本的比例大于最佳比例时，在未来投资总额一定的情况下，缩小固定资产投资比重，扩大教育经费投入所占比重，这样通过增量调整就可使两种资本的比例趋近最佳比例点，只要调整得当，就可实现在不增加任何额外投资的情况下使产出增加，而产出向潜在产出逼近的过程也就是提高经济增长质量的过程。

3.4 本章小结

不仅生产要素投入总量的增加能推动经济的增长，而且生产要素的有效配置对经济增长也有着重要的影响。本章从宏观、中观（产业）以及微观（企业）三个层面梳理了要素配置与经济增长之间关系的相关文献，结论基本都相同：中国各种生产要素之间的配置、同一要素在不同行业、不同区域、不同企业间的配置都存在着不同程度的错配现象，如果能有效地消除要素错配现象，实现生产要素的合理配置，那么，中国的生产效率和经济增长将得到极大的提高。

实物资本和人力资本作为推动经济增长的两大重要要素，应当合理配置，使资源流动到最有效率的地方。任何一种资本过多或过少，都会影响经济增长。本书基于曼昆等（1992）提出的包含人力资本要素的生产函数模型通过数理推导证明，无论生产函数属于规模报酬不变、规模报酬递增还是规模报酬递减，在两种资本存量之和保持不变的条件下，实物资本与人力资本的最佳配置比例为二者的产出弹性之比。在此基础上，结合中国近些年固定资产投资与教育投资的实际情况，推测实物资本和人力资本并未达到最佳配置比例，并进一步从要素合理配置视角对潜在产出的含义进行了扩展。

一个需要同时兼顾的方面是生产要素的利用率问题。实物资本和人力资本都有可能未充分利用。从理论上来说，只要有两种资本利用率的历年数据，分别与相应的资本存量相乘，作为两种资本的实际投入量。但是，要收集到两种要素利用率的数据却有相当大的难度。仅仅就合理估计两种资本的利用率而言，就可能成为一篇具有相当篇幅的论著，这不是本书的主题。为使问题简单化，本书暂不考虑生产要素利用率，假定在现有生产要素利用率条件下，当实物资本与人力资本达到最佳配置比例时的产出水平，定义为“潜在产出”，这种界定是对“最大化产出”含义的拓展和延伸。由此计算出的增长率定义为潜在增长率，而潜在产出与实际产出的差额就是潜在损失或效率损失。这是一个全新的视角，是对以往利用生产函数法测算潜在增长率方法的一种全新的扩展。这意味着，通过增量投资调整纠正实物资本和人力资本存在的错配现象，就可使两种资本的比例逐步趋近于最佳配置，从而实现在两种资本总量不变的情况下增加经济的总产出。

第4章　中国实物资本存量的估算

目前尚无权威统计部门发布实物资本存量的数据。各位学者出于研究的需要，采用不同的方法和思路进行了测算。1951 年戈德史密斯提出永续盘存法之后，在实物资本估算中得到较为广泛的运用。采用该方法要用到 4 个数据：初始资本存量、折旧率、投资额及投资价格指数。其中：除初始资本存量是一个数以外，剩下 3 个都是历史数据序列。这 3 个数据序列的选用或推算将直接影响到实物资本存量的估算结果。为了增强估算结果的可信性，本章以国家统计局公布的 11 个年份“中国投入产出表”中的折旧额数据为校准点，推算了各个时段的平均折旧率，其需要满足的条件就是，在有投入产出表年份的推算折旧额恰好等于该年投入产出表中的固定资本折旧额，由此重新估算了中国的实物资本存量，并把本书估算结果与一些学者的估算结果进行了比较，从而为后续的潜在产出及潜在增长率的测算服务。

4.1　实物资本估算方法及结果的评述

实物资本服务于产品的生产过程，是推动经济增长的重要因素之一。实物资本存量是某一时点下处在生产过程中的资本资产的数量。本书中所界定的实物资本主要是指正在使用中的固定资产，如机器、设备、厂房、运输工具等等，不包括土地和存货。固定资产的典型特征是有形的，可再生性，其使用期限较长，价值在生产过程中慢慢发生转移。固定资产因其类型不同而具有不同的使用寿命，同一类型固定资产因其投入时间的不同使用效率相差也较大。因此，测算实物资本存量不能简单地将某时点的固定资产数量相加，而需要考虑固定资产随其使用期限延长而引发的相对效率的下降。

相对效率递减模式有三种：一是常效率模式，在使用寿命期内，相对效率不变恒为1，而以后效率骤降为0，因此需在资本品寿命终结后立即重新购置所有资产以保证生产能力不发生变化。二是线性递减模式，在使用寿命期 T 内，相对效率可表示为：$1-\frac{\tau}{T}(\tau=1, 2, \cdots, T)$。该模式假定下，固定资产磨损在寿命期内平均摊销，为保证相对效率不发生变化，故每期都需重置部分资产且重置率越来越高。三是几何递减模式，如果假定寿命期终结时，固定资产的残值率为 S，相对效率按照几何比率 δ 递减，那么可表示为：$S=(1-\delta)^{T}$。该模式假定下，每期的资本品损耗皆为上期资产余额 δ 比例，而每期需重置的资产比率亦为 δ，折旧率与重置率并无差异。

戈德史密斯（1951）开创性地提出永续盘存法并用来测算实物资本存量，此后永续盘存法得到广泛的使用。该方法的思想就是第 t 期期末的资本存量为历史有效投资以资本品相对效率序列为权数的加权和。实物资本存量的估算结果对不同效率递减模式的选择比较敏感。在相对效率几何递减模式下，实物资本存量的计算公式可简化为：$K_t=K_{t-1}(1-\delta_t)+I_t$。目前，美国和大部分的 *OCED* 国家都是在该模式假定下使用永续盘存法获得了实物资本存量的官方估计数据，然而我国统计局目前尚未发布相关的权威数据。国内的各位学者出于研究的需要对此进行了多方面的探索和尝试，估算范围覆盖了国家、省域、行业3个层面的实物资本存量。显然，实物资本存量的估计涉及初始资本存量 K_0、历年实物资本投资额 I_t、投资价格指数 P_t 以及折旧率 δ_t 四个关键变量的确定，只是4个关键变量处理方式的不同导致了实物资本存量估算结果的巨大差异。现以上述4个关键变量处理方式的差异为轴线对相关文献进行梳理。

4.1.1　初始资本存量的确定

国内已有研究文献中大多学者将基期年份定为1952年、1978年，而初始年份资本存量的计算思路大体有3种，但处理细节上存在差异。一是依据某一合理的资本产出比取值与当年产出水平的乘积来确定。如珀金斯（1989）假定中国的1953年资本—国民收入比为3，张军扩（1991）、何枫等（2003）、毛军（2005）沿用该假定结合当年的国民收入测算了1953年的资本存量及资本—GDP比；叶宗裕（2010）将1978年资本存量取值为使得当年资本产出比与未来3～5年资本产出比平均值相等时的值。二是依据基期当年投资额与某一固定增长率的比值来确定。霍尔和琼斯（1999）估计各国1960年资本存量时采用的固定增长率为1960～1970年各国投资的平均增长率与折旧率之和。之后，国内很多学者先后使用该方法确定初始存量，但固定增长率的取值上存在差异。张军等（2004）直接取值为10%；徐现祥等（2007）取值为1978～2002年投资平均增速与3%的折旧率之和；单豪杰（2008）[①]估计全国及各省的基期存量时将固定增长率取值为1952～1957年投资平均增长率与10.96%的折旧率之和；孙辉等（2010）使用了1952～1957年投资额的几何平均增长率；靖学青（2013）取值为1952～1977年投资额的几何平均增长率与1952年经济折旧率（2.9%）之和。三是依据稳态经济假定来确定。贺菊煌（1992）认为1964～1971年与1971～1978年两时段的经济体制和政策比较稳定，因而假定这两段时期内资本的平均增长率相等，然后基于迭代方法推算出1964年的资本存量。此外，有些学者还有一些其他处理方式，如邹至庄（1993）利用历史的固定资产净值数据推算出1952年中国资本存量超过1030亿元；李治国和唐国兴（2003）直接采用了邹至庄（1993）关于基期存量的估算结果；王小鲁等（2000）测算的1952年的资本存量为1600亿元但并未具体说明其估算方法。总而言之，如何确定初始资本存量，各位学者都有其理由，难以取得一致。本书认为，只要注意到以下两点，初始资本存量的取值就不是难事。第一，初始资本存量取得偏大或偏小，仅对最初有限年份的资本存量估算有影响，随着估算年份的增加，这种影响很快就会衰减到可以忽略不计。第二，可以认为初始年份的资本产出比与其后的邻近年份相差不大，如此可以利用初始年份的GDP乘以假定的资本产出比，作为初始资本存量。接着递推计算其后

① 需要说明的是，单豪杰同时估计了全国和省际的实物资本有量。其中：省际资本存量估算时不包含港澳台地区，且重庆市并入四川省，共含全国22个省、3个直辖市（北京、上海和天津）和5个自治区。

邻近年份的资本存量，进而得到其后邻近年份的资本产出比，并与初始年份的假定资本产出比进行比较，如果差别较大，则修改初始年份的假定资本产出比。重复此过程，直至相差不大为止。

4.1.2　实物资本投资额的确定

现有文献中关于实物资本投资额数据的统计口径不同，主要有以下几种。一是积累额，即国民收入中扣除掉消费而积累的用于社会再生产和非生产性建设或储备的总额。张军扩（1991）、贺菊煌（1992）、邹至庄（1993）、张军和章元（2003）使用了该指标，此口径是物质产品平衡体系（MPS）下的统计指标，无需考虑折旧问题，但自1993年中国采用联合国国民经济核算体系（SNA）后积累额数据已不再公布，故此法不能继续使用。二是全社会固定资产投资额，即一定时期内全社会购置、建造或投入的固定资产总额。王小鲁等（2000）、郭庆旺等（2004）使用了该指标，此口径是MPS和SNA两种体系下都公布的统计指标，数据序列本身包含的样本点较多且较为可信。本书认为，当年的全社会固定资产投资未必在当年全部形成固定资产并交付使用。原因是全社会固定资产投资中包括有不形成固定资产的部分，如土地购置费、旧建筑物购置费和旧设备购置费。随着用地成本的增加，土地费用占投资的比重呈现逐步提高的趋势。另外，固定资本形成额中也有未包括在全社会固定资产投资额中的内容，例如500万元以下项目的投资所形成的固定资产、固定资产的零星购置、商品房销售增值、新产品试制增加的固定资产以及未经过正式立项的土地改良支出等。不过，从总体说来，全社会固定资产投资额中不能形成固定资产的数额远大于固定资产形成中未包括在全社会固定资产投资中的数额。也因如此，王小鲁等（2000）使用该指标时还乘以固定资产投资交付使用率来刻画固定资产形成总额。三是新增固定资产额，是一定时期内已经交付生产或使用单位的固定资产总额。该指标应用过程中的最大问题是无法使用相应的价格指数进行不变价的转化。四是支出法GDP核算中的资本形成总额或固定资本形成总额，前者是指一定时期内获得的资产减去处置的固定资产和存货之后的净额，包括固定资本形成总额和存货。一般而言，存货包括生产过程中的在产品、原材料以及存放在仓库的待售商品，是企业为保证再生产过程的连续性而投入的必要储备。何枫等（2003）使用了资本形成总额这一指标。然而，存货的变现或耗用周期较短，不属于资本范畴。更多学者选择了固定资本形成总额指标，如张军等（2004）、薛俊波和王铮（2007）、徐现祥等（2007）、单豪杰（2008）、孙辉等（2010）、叶宗裕（2010）、靖学青（2013）等。毛军（2005）认为使用固定资本形成总额高估了固定资产投资的作用，故应采用资本形成额，而张军等（2004）、李宾（2011）对上述4个指标比较后均认为固定资本形成额最适合表征当年的实物资本投资额。本书采用固定资本形成额作为永续盘存法计算实物资本存量时的投资。

4.1.3 投资价格指数的确定

与前文的实物资本投资额对应，现有文献中投资价格指数的选择通常有以下几种做法。一是使用积累指数，如贺菊煌（1992）、邹至庄（1993）。二是直接使用其他价格指数替代，如王小鲁（2000）以GDP平减指数来代替；黄勇峰和任若恩（2002）用零售物价指数来替代建筑与设备价格指数序列。三是通过一些计量方法进行构造。杰斐逊、罗斯基和郑（1992）使用建筑安装指数和机器设备指数的加权平均构造固定资产价格指数；李治国和唐国兴（2003）基于《上海统计年鉴》公布的上海市固定资本形成总额及其指数（1950~2000年）计算出上海市的固定资产投资价格指数后，将《中国统计年鉴》公布的全国固定资产投资价格指数（1991年以后）对上海市固定资产投资价格指数进行回归，然后对1978~1991年的全国固定资产投资价格指数进行拟合预测，结合已发布的1991~2000年数据构成完整的投资价格指数序列。四是基于《中国国内生产总值核算历史资料》中提供的固定资本形成总额指数推算出固定资本形成总额平减指数。此方法目前应用最为广泛，如张军等（2004）、薛俊波和王铮（2007）、毛军（2005）、徐现祥等（2007）、单豪杰（2008）、孙辉等（2010）、叶宗裕（2010）、靖学青（2013）等，它与固定资本形成总额统计口径相搭配。本书确定把支出法GDP核算中的固定资本形成额作为投资，采用与之相对应的固定资本形成总额指数来推算投资价格指数。

4.1.4 折旧和折旧率的确定

大多文献都考虑了折旧，处理方法有三种。一是直接测算折旧额。如邹至庄（1993）通过"折旧额 = GDP - 国民收入 + 补贴 - 间接税"这一公式来计算折旧额；李治国和唐国兴（2003）沿用了该方法，1978 ~ 1993 年的直接借鉴了邹至庄的结果，1994 年之后数据由各省统计年鉴公布的折旧额加总得到。二是通过测算折旧率来计算折旧额，大部分学者都选择此角度来切入研究，但处理方式存在差异较大。方式一：直接假定统一的折旧率，比如珀金斯（1989）和王小鲁等（2000）将其假定为 5%；霍尔和琼斯（1999）将其假定为 6%；孙辉等（2010）经分析认为 6% 折旧率较为合理。方式二：依据有关固定资产寿命和相对效率递减模式的假定确定折旧率。王益煊等（2003）借鉴美国经济分析局测算资本存量时使用的几何折旧法及余额递减率表，结合中国财务制度关于各行业不同类型固定资产使用寿命的规定进行调整给出了中国 16 个行业 7 类固定资产的折旧率。黄勇峰等（2002）借鉴了麦迪森对中国建筑安装和机器设备寿命的假定，分别为 40 年和 16 年，并由此计算了几何效率递减和线性递减两种模式下建筑安装与机器设备的折旧率分别为：8% 和 17%、2.5% 和 6.5%，经估算得到的资本存量结果差异较大。在此基础上，一些学者进行了改进。张军等（2004）假定建筑、设备、其他类型投资的平均寿命分别是 45 年、20 年、25 年，并采用法定残值率 3% ~ 5% 的中间值 4% 代替资本品寿命终结时的相对效率，推算出几何效率递减模式下三种资本品的折旧率分别为 6.9%、14.9% 和 12.1%，然后以 1952 ~ 2000 年三类资本品在总固定资产中的平均比重为权重进行加权计算得到了固定资本形成总额的折旧率为 9.6%。单豪杰（2008）经过推敲假定建筑、设备的寿命分别为 38 年和 16 年，考虑法定残值率的前提下估算得到建筑、设备的折旧率为 8.12% 和 17.08%，然后以每年固定资产投资中建筑和设备所占比重为权重进行加权平均得到每年的折旧率。如果不考虑固定资产结构比重的时空变化差异将折旧率统一为 10.96%。而叶宗裕（2010）则认为以投资结构平均比重为权求得的加权平均折旧率误差较大，应当采用永续盘存法分别估算建筑和设备的资本存量然后相加得到总资本存量，并认为建筑和设备的使用寿命为40年和16年的假定合理，进而计算得到的折旧率分别为7.73%和18.22%。此外，还有极少数文献并未考虑折旧问题，如贺菊煌（1992）、张军和章元（2003）使用的积累额口径回避了折旧问题；何枫等（2005）提出的年末资本存量计算公式为：$K_t = K_{t-1} + I_t$，认为资本存量属于时点概念，年末和年均数不同，并分别进行了测算，但整个估算中并未考虑折旧。方式三：依据投入产出表数据测算不同时段的折旧率。薛俊波和王铮（2007）根据已有的几个投入产出表年份将时间划分为1990～1992年、1992～1995年、1995～1997年、1997～2000年四个时段，当假定每一时段内折旧率均相同时，结合分界点的折旧额数据可求得17个行业各时段的平均折旧率①。三是在不同时段中分别采取折旧率与折旧额以获得完整序列。李宾（2011）以1992年为界，1953～1992年这一时段采用折旧率并直接引用了霍尔兹的研究成果，1993～2009年这一时段则直接采用当年官方各省市公布的名义折旧额之和来获得全国当年折旧额。与此类似，靖学青（2013）将研究周期1952～2010年划分成三个时间段：1952～1977年这一时段采用的折旧率为3%；1978～1992年这一时段采用的折旧率为5%，而1993～2010年这一时段全国各年折旧额数据依旧为各省市区折旧额之和。

选择1978年、1995年和2000年为代表性年份，并将各位学者在代表性年份的实物资本存量估算结果，全部转化成2000年价进行比较，结果见表4－1。就1978年的实物资本存量而言，何枫（2003）的估算结果最高，为10143亿元，邹至庄（1993）的结果最低仅为1125亿元，最高值是最低值的9.02倍，差额为9018亿元。就1995年的实物资本存量而言，何枫（2003）的结果最高为62120亿元，张军（2004）的结果最低为16133亿元，最高值与最低值的倍数降低至3.85倍，差额扩大至45987亿元。就2000年的实物资本存量而言，何枫（2003）的结果最高为392910亿元，钱雪亚（2009）的结果最低仅为157193亿元，最高值与最低值的倍数进一步降低至2.50倍，但差额

① 薛俊波等在计算1997～2000年的折旧率时当成了4年，实际上应是3年，故其计算公式有错。详见沈利生，乔红芳．重估中国的资本存量：1952～2012［J］．吉林大学社会科学学报，2015（4）：122－133。

却进一步扩大至235717亿元。由此可见，不同学者关于实物资本存量的估算结果差异巨大。

表4-1　各位学者代表性年份实物资本存量的估算结果（2000年价）　单位：亿元

学者	基期年份	基期年份实物资本存量			2000年价实物资本存量		
		1978年	1995年	2000年	1978年	1995年	2000年
张军扩（1991年）	1952	2000	12987		7127	46281	
贺菊煌（1992年）	1990	946	16297		1804	31078	
邹至庄（1993年）	1952	316	7364		1125	26241	
张　军（2003年）	1952	800	12362	74195	2851	44054	264405
何　枫（2003年）	1990	5319	32575	206037	10143	62120	392910
李治国（2003年）	1978		14112	67304		49726	237156
张　军（2004年）	1952	807	4527	51056	2876	16133	181946
毛　军（2005年）	1990	2683	18091	114475	5115	34500	218303
单豪杰（2008年）	1952	342	5641	49983	1219	20103	178122
钱雪亚（2009年）	1995			147800			157193
徐　杰（2010年）	1978			51845			182681
叶宗裕（2010年）	1952	610	6139	50754	2174	21877	180870

永续盘存法应用的四个关键变量中，初始实物资本存量的影响最小，尤其是其设定年份越早，估算误差对后期年份的影响越小（张军等，2004；单豪杰，2008；李宾，2011）；实物资本投资额及价格指数的选择近来也基本都达成共识，大多学者采用固定资本形成额及固定资本平减指数；但是折旧额或折旧率的处理差异较大，且折旧率的设定对估算结果影响最大（李宾，2011）。各位学者采用的方法和依据均不同，所以在国家统计部门尚未公布权威数据之前无法去判断哪种处理方式更优，哪种结果更为合理。本书认为：目前虽然无法对各位学者估算的实物资本存量序列进行评判，但是可以利用国家统计局发布的“中国投入产出表”中的固定资产折旧额数据来判断某个时段或某些年份的实物资本存量是否合理。迄今为止，国家统计局已经先后公布了11个年份的“中国投入产出表”，分别是1987年、1990年、1992年、1995年、1997年、2000年、2002年、2005年、2007年、2010年、2012年，每张表中都有当年价的固定资产折旧额，将这11个年份的折旧额换算成相同基期的不变价，

再与各位学者估算的折旧额比较，如果数据基本吻合，则可以推断实物资本存量的估算结果较为合理。然而，很多学者在提供实物资本存量序列的同时，只有少数同时提供了折旧率或折旧额数据，因此很多结果仍无法进行评判。不过，本书并不打算对这些估算结果进行评价，而是以上述 11 个年份“中国投入产出表”中的折旧额数据为校准点，将研究周期 1952～2015 年细分成 12 个时段，对各时段的平均折旧率进行测算并以此对中国历年的实物资本存量进行重新估算，在保证基于估算所得的实物资本序列计算的折旧额数值在这 11 个时点上与历年投入产出表中的数据完全一致的同时，获得了令人信服的平均折旧率序列。

4.2 实物资本估算的思路及方法

4.2.1 实物资本估算的思路

永续盘存法的计算公式如式（4－1）：

$$K_{t+1} = K_t(1 - \delta_{t+1}) + I_{t+1} \tag{4-1}$$

其中，K_{t+1}、K_t 分别为第 $t+1$ 和 t 年的实物资本存量，δ_{t+1}、I_{t+1} 分别为第 $t+1$ 年的折旧率和新增投资额。那么，第 $t+1$ 年的折旧额 D_{t+1} 可通过式（4－2）计算得到：

$$D_{t+1} = K_t\delta_{t+1} \tag{4-2}$$

正如前面文献所总结，各位学者的估算思路一般是：按照一定的方法确定初始实物资本存量和折旧率，然后将收集到的历年新增投资额按照某种价格指数转化成某年为基期的不变价，然后按照式（4－1）向后递推，从而得到历年的实物资本存量。本书的思路与这些文献不同，通过 11 个投入产出表年份将时间划分成 12 个子区间，假定各区间内相应年份的折旧率相等，并将估算起点设定在第一个投入产出表年份——1987 年，然后以相应年份的折旧额数据作为校准点，向前反推过去年份、向后递推以后年份，同时估算各个时段的折旧率和实物资本存量，确保得到的折旧率和实物资本存量序列的可信性。

将第一个估算起点定为1987年时，应用到式（4－1）和式（4－2）中，可得到如下的表达式：

$$K_{1987}=K_{1986}(1-\delta_{1987})+I_{1987} \tag{4-3}$$

$$D_{1987}=K_{1986}\delta_{1987} \tag{4-4}$$

1987年的折旧额是可以在“中国投入产出表”中查到，如果已知1987年的折旧率，那么可以通过式（4－4）推算出1986年的实物资本存量，即：

$$K_{1986}=D_{1987}/\delta_{1987} \tag{4-5}$$

在求得K_{1986}的基础上，通过式（4－3）便可求得K_{1987}，依次套用式（4－1）可以写出1988年、1989年的实物资本存量K_{1988}、K_{1989}，套用式（4－2）获得校准点1990年的折旧D_{1990}，分别如下：

$$K_{1988}=K_{1987}(1-\delta_{1988})+I_{1988} \tag{4-6}$$

$$K_{1989}=K_{1988}(1-\delta_{1989})+I_{1989} \tag{4-7}$$

$$D_{1990}=K_{1989}\delta_{1990} \tag{4-8}$$

把式（4－6）、式（4－7）代入式（4－8）：

$$D_{1990}=\{[K_{1987}(1-\delta_{1988})+I_{1988}](1-\delta_{1989})+I_{1989}\}\delta_{1990} \tag{4-9}$$

将D_{1990}取定为“中国投入产出表”公布的当年折旧额数据。那么，式（4－9）中，K_{1987}、I_{1988}、I_{1989}均已知，δ_{1988}、δ_{1989}和δ_{1990}未知。如果假定$\delta_{1988}=\delta_{1989}=\delta_{1990}$成立的话，那么式（4－9）便是一个关于$\delta_{1988}$的一元三次方程，可以通过求解方程而获得其值。而$\delta_{1988}$也代表了1987～1990年这个子区间中的平均折旧率的大小，这一取值能保证在1990年估算所得的折旧额与1990年《投入产出表》的数据一致。

同理，可以推导出1992年的折旧额、1990年的资本存量、1991年的新增投资额、1991年和1992年的折旧率之间的关系，可表达如下：

$$K_{1991}=K_{1990}(1-\delta_{1991})+I_{1991} \tag{4-10}$$

$$D_{1992}=K_{1991}\delta_{1992} \tag{4-11}$$

把式（4－10）代入式（4－11）：

$$D_{1992}=[K_{1990}(1-\delta_{1991})+I_{1991}]\delta_{1992} \tag{4-12}$$

在1990～1992年这一子区间中，假定$\delta_{1991}=\delta_{1992}$，则可以得到一个关于

δ_{1991}的一元二次方程。总结其规律可发现：子区间内相隔的年限便是关于折旧额校准点年份折旧率的一元方程的次数，其他时段的折旧率及资本存量数据都可以按此推导分别求解。

然而，“中国投入产出表”并未公布1987年之前的折旧额数据，因此，前面的计算方法不再适用。将式（4－1）重新表述为：

$$K_t = K_{t-1}(1-\delta_t) + I_t \tag{4-13}$$

对式（4－13）进行如下变形：

$$K_{t-1} = (K_t - I_t)/(1-\delta_t) \tag{4-14}$$

假定1952～1987年这一时段中历年的折旧率都等于1987年的折旧率，并为某一特定数值时，即$\delta_{1952}=\delta_{1953}=\cdots\cdots=\delta_{1986}=\delta_{1987}=c$，此时的折旧率$c$代表的就是该时段的平均折旧率。那么，依据式（4－5）计算得到1986年的实物资本存量K_{1986}，在此基础上，基于1986年的新增投资额I_{1986}、1986年的折旧率δ_{1986}，利用式（4－14）便可以向前递推1985年的资本存量K_{1985}。利用式（4－14）反复向前递推计算，就得到1952～1985年的实物资本存量序列。当然，关于1952～1987年这一时段平均折旧率为c的假定是否合理，要取决于推算得到1952年的资本产出比是否合理。

此外，在实际计算过程中，无需求解各时段的折旧额方程，只需利用Excel中的递推计算功能，通过不断调整各时段平均折旧率的大小，以保证校准点年份估算所得的折旧额等于“中国投入产出表”中公布的折旧额。

4.2.2 平均折旧率与相关经济参数之间的关系

值得注意的是，在利用式（4－1）向后递推和式（4－14）向前递推的过程中，两个假定至关重要：（1）假定按照折旧额数据校准点年份划分的子区间内各年的折旧率相等，主要基于两点考虑：一是计算的便捷性，正如前面所推导，通过该假定可以将问题转化为一元方程求解；二是实质上该假定测算的是各区间内的平均折旧率。（2）假定δ_{1987}或者1952～1987年平均折旧率为某一具体值，那么如何才能保证这一数值是合理的呢？

事实上，平均折旧率与相关经济参数关系密切，下面将采用数理方法进行证明。令第 t 年资本存量为 K_t，产出为 Y_t，新增投资为 I_t（采用固定资本形成额来表示，这样可以回避投资形成资本存在时滞这一问题）。

将式（4－13）适当变形如下：

$$K_t = (1-\delta_t)K_{t-1} + I_t = K_{t-1} + I_t - \delta_t K_{t-1} \tag{4-15}$$

在每一个小的子区间内，δ_t 都是一个常数，于是：$\delta_t = \delta$，式（4－15）可修正为：

$$K_t = K_{t-1} + I_t - \delta K_{t-1} \tag{4-16}$$

同时假设，资本产出比 η 和产出增长率 g 为常数①，即：

$$\eta = K_t / Y_t = K_{t-1} / Y_{t-1} \tag{4-17}$$

$$Y_t = (1+g) \cdot Y_{t-1} \tag{4-18}$$

由式（4－16）可得：

$$I_t = K_t - (1-\delta)K_{t-1} \tag{4-19}$$

由式（4－17）可得：$K_t = \eta Y_t$，$K_{t-1} = \eta Y_{t-1}$

代入式（4－19）：

$$I_t = \eta Y_t - (1-\delta)\eta Y_{t-1} \tag{4-20}$$

由式（4－18）可得：$Y_{t-1} = \frac{1}{1+g} Y_t$

代入式（4－20）得：

$$I_t = \eta Y_t - \frac{(1-\delta)}{1+g}\eta Y_t = \eta\left(1 - \frac{1-\delta}{1+g}\right)Y_t = \eta\left(\frac{g+\delta}{1+g}\right)Y_t \tag{4-21}$$

于是

$$\frac{I_t}{Y_t} = \lambda = \eta\left(\frac{g+\delta}{1+g}\right) \tag{4-22}$$

值得注意的是，式（4－22）中的 λ 是固定资本形成与 GDP 之比，称为“固定资本形成率”。而“投资率”是资本形成与 GDP 之比，资本形成包括“固定资本形成”和“存货增加”两部分，故两个概念界定的范围不同。固定

---

① 参见戴维·罗默. 高级宏观经济学［M］. 北京：商务印书馆，2001. 第 198 页，公式（4－2）。第 13 页，“……意味着资本—产量比 K/Y 最终将稳定下来。实际上，就较长期限来看，资本—产量比并未表现出任何明显的向上或向下的趋势。”第 33 页，“1.3 节提到的关于增长的特征事实之一是，资本—产量比随时间大体保持不变。……尽管资本—产量比在国家间有所不同，但差别不十分大。”

资产形成率中不包含“存货增加”在 GDP 中的比重，故可视作“窄口径的投资率”。由式（4-22）可求得折旧率的表达式：

$$\delta = (1+g)\lambda/\eta - g \tag{4-23}$$

从式（4-23）中可以发现：（1）当经济增长率 g、固定资本形成率 λ、资本产出比 η 均为常数时，折旧率 δ 也是常数。这意味着：利用该式可为大致确定某一时段的平均折旧率 δ 提供依据。（2）折旧率与固定资本形成率成正比，这说明固定资本形成率越大，损耗的实物资本也越多，折旧率也越大。（3）折旧率与资本产出比成反比，这说明资本产出比越小，折旧率就越大。

例如，基于 1952～1987 年的统计数据，可以计算此期间的平均经济增长率和平均固定资本形成率，即 $g=7.1\%=0.0710$，$\lambda=23.11\%=0.2311$。

如果资本产出比 $\eta=2.0$，可得此时段的平均折旧率 δ：

$$\delta = (1+0.0710)\times 0.2311/2 - 0.0710 = 0.0528 = 5.28\% \tag{4-24}$$

如果资本产出比提高 1%，即 $\eta=2.02$，可得此时段的平均折旧率 δ：

$$\delta = (1+0.0710)\times 0.2311/2.02 - 0.0710 = 0.0515 = 5.15\% \tag{4-25}$$

对比式（4-24）和式（4-25）可知，资本产出比越小，折旧率就大；反之，资本产出比越大，折旧率就越小。从数值上来看，资本产出比提高 1%，会使折旧率降低 2.46%，两者的变动大致有 2.46 倍的关系。因此，确定的平均折旧率是否合理，可从反推得到 1952 年及历年的资本存量及资本产出比是否合理得到验证。如果通过反推计算所得 1952 年的实物资本存量和资本产出比处于合理范围内，那么可近似认为设定的平均折旧率合理。

4.2.3 估算所需的数据来源及处理

根据前面的两个递推公式，估算所需数据包括：历年新增投资额及价格指数、投入产出表年份的折旧额、历年国内生产总值和指数。其中：新增投资额 I_t 不用全社会固定资产投资指标来衡量，而是采用历年支出法 GDP 中固定资本形成额来表征，这种处理方式的主要目的是克服固定资产投资时滞带来的困难。一般而言，当年的投资需要经过一定的时间才能形成达到预定可使用状态的固定资产，这时间可长可短。当固定资产形成时间超过一年及以上时，计算当年实物资本存量时不能包含这部分在建工程的价值。而门类众多的固定资产的投资形成时间也无法确切计算或者获得，如果采用全社会固定资产投资额来衡量新增投资将直接导致无法估算实物资本存量。然而，固定资本形成额本身反映的就是当年已经形成的可以直接使用的固定资产，不存在上述提到的投资时滞问题，可以直接加总。

1952～1977年以当年价计算的固定资本形成总额、以当年价格计算的国内生产总值和指数（1978＝100）、1952～2004年固定资本形成总额指数（1978＝100）资料来源于《中国国内生产总值核算历史资料1952～2004年》。1978～2015年以当年价计算的固定资本形成总额、以当年价计算的国内生产总值和指数（1978＝100）（资料来源于《中国统计年鉴2016》）。需要说明的是，国家统计局根据第三次经济普查数据对2013年及以前年度的国内生产总值和指数进行了系统修订，同时，2013年之后将研发支出计入GDP核算，这些核算方法的改变会导致1978～2013年的GDP及指数、固定资本形成额数据在修订前后会发生变化，依据修订后数据计算得到的历年增长率也会发生略微的变化，因此，1978～2015年时段本书采用了修订后的数据。国家统计局从1987年开始，对逢2、7年份都编制有“中国投入产出表”（1987年、1992年、1997年、2002年、2007年、2012年共6个年份），对逢5、10的年份编有延长表（1990年、1995年、2000年、2005年、2010年共5个年份），于是，总共得到11个年份的“中国投入产出表”及以当年价计算的折旧额数据。其中：各年的“中国投入产出表”可从国家统计局网站直接下载。上述所有原始数据汇总为附录中的附表1①。

为剔除价格因素的影响，选定2000年为基期，先将固定资本形成总额指数和国内生产总值指数的基期从1978年调整为2000年，再把以当年价计算的固定资本形成额和国内生产总值分别使用固定资本形成总额指数与国内生产总值指数进行平减，得到2000年不变价。最后根据当年价和

① 附表1中的固定资本形成平减指数（1978＝1）为笔者推算得到，需要注意的是，根据《历史核算资料》数据计算得到2000～2004年的固定资本平减指数，与从《中国统计年鉴2012》数据计算得到的固定资产投资平减指数作比较，两者重合年份的数字大致一致，这样就得到了完整的序列。

不变价的固定资本形成额推算出固定资本形成平减指数，对投入产出表年份的折旧额进行调整，将其也转化成2000年的不变价。具体计算结果见附录中的附表2。

4.3 实物资本存量估算的结果及说明

4.3.1 1952~1987年这一时段

正如前面所推导，假定δ_{1987}为某一数值情况下，利用公式（4－5）和式（4－3）可以依次计算出1986年和1987年的实物资本存量，然后套用式（4－14）向前反推得到1978~1987年的全部资本存量（2000年价）。当δ_{1987}分别为4.85%、4.90%、4.95%、5.00%、5.05%、5.10%、5.15%、5.1525%及5.20%时，1952年、1978年和1986年实物资本存量及相应的资本产出比会发生怎样的变化。表4－2列出了不同折旧率取值下的结果比较。

表4－2　1987年向前反推不同折旧率下的实物资本存量比较（2000年价）

折旧率（%）	1952年资本存量（亿元）	1952年资本产出比	1978年资本存量（亿元）	1978年资本产出比	1986年资本存量（亿元）	1986年资本产出比	1987年折旧额（亿元）
4.85	12743.6	4.560	32455.8	2.460	60437.6	2.190	2931.2
4.90	10678.8	3.820	31751.9	2.410	59820.9	2.160	2931.2
4.95	8598.0	3.070	31060.0	2.350	59216.6	2.140	2931.2
5.00	6500.3	2.320	30379.9	2.300	58624.5	2.120	2931.2
5.05	4384.8	1.570	29711.2	2.250	58044.0	2.100	2931.2
5.10	2250.5	0.80	29053.5	2.200	57475.0	2.080	2931.2
5.15	96.7	0.030	28406.5	2.150	56917.0	2.060	2931.2
5.1525	-11.5	-0.004	28374.4	2.150	56889.4	2.060	2931.2
5.20	-2077.7	-0.740	27769.9	2.110	56369.7	2.040	2931.2

通过分析可以发现：（1）平均折旧率越大，估算所得1952～1986年的实物资本存量就越小。当折旧率从4.9%提高到5.0%时，1952年的资本存量从10678.8亿元下降至6500.3亿元；1978年的资本存量从31751.9亿元下降至30379.9亿元。（2）时间间隔越长，折旧率变化对初始实物资本存量估计的影响越大。1952～1986年间隔34年，折旧率的细微变化引起初始资本存量的变化幅度较大，如平均折旧率从4.90%提高至5.00%，1952年的资本存量下降幅度约为39.10%，而1978年的资本存量仅仅下降4.30%，因为1978～1986年间隔仅8年。（3）1952～1987年间平均折旧率不可能超过5.1525%，否则将不能保证1987年的固定资产折旧额与“中国投入产出表”中数据相吻合。当平均折旧率达到5.15%时，1952年的初始资本存量仅为96.7亿元，资本产出比仅为0.030；当平均折旧率达到5.1525%和5.20%时，1952年初始存量降为－11.5亿元和－2077.7亿元，这显然是不合理的。

那么，平均折旧率究竟取多少合适呢？前面4.2.2已经从数理上论证了折旧率大小与资本产出比呈反方向变动关系。只要反推得到1952年的资本产出比处于合理范围，那么平均折旧率的变动区间就非常小，从而保证了平均折旧率的合理性。当平均折旧率为4.90%、4.95%、5.00%、5.05%、5.10%时，1978年的资本产出比分别为2.410、2.350、2.300、2.250和2.200，相对比较稳定；1986年的资本产出比分别为2.160、2.140、2.120、2.100和2.080，也是较为稳定，这意味1978～1986年的资本产出比并未发生太大的变化，平均折旧率的选取对1978年和1986年的资本产出比没有太大的影响。然而，同样在五种折旧率方案假定下，1952年的资本产出比分别是3.820、3.070、2.320、1.570以及0.800，波动较为剧烈，与1978年和1986年的资本产出相比，5.00%折旧方案下的2.320最为接近，4.90%和4.95%折旧方案下的3.820和3.070相对偏大，5.10%与5.15%折旧方案下的1.56和0.78相对偏小。也就是说，1952年的资本产出比在2.320附近相对更为合理，这与粟庆雄假定的资本产出比为2.5[①]较为接近，由此而推断5.0%的折旧方案是合理

① 资本产出比通常取2.5。见粟庆雄：《中国经济之快速发展与波动1980～1999年》，载汪同三主编：《数量经济学前沿》，社会科学文献出版社2001年版，第402页。

的。那么，当平均折旧率取 5.0% 时，1952 年和 1978 年的资本存量分别为 6500.3 亿元、30379.9 亿元。

反过来，当 1952 年的初始实物资本存量为 6500.3 亿元时，在不同折旧率方案下 1987 年的折旧额会发生怎样的变化呢？表 4－3 比较了不同折旧率取值下 1978 年和 1986 年的实物资本存量及 1987 年折旧额的推算结果。可以发现，当平均折旧率低于 5.0% 时，1978 年的实物资本存量均大于 30379.9 亿元，1986 年的实物资本存量均大于 58624.5 亿元，1987 年的折旧额均小于“中国投入产出表”中的 2931.2 亿元；当平均折旧率高于 5.0% 时，1978 年的实物资本存量均小于 30379.9 亿元，1986 年的实物资本存量均小于 58624.5 亿元，1987 年的折旧额均大于“中国投入产出表”中的 2931.2 亿元。这说明，如果初始年份实物资本存量已经确定为某一数值，为了保证推算所得折旧额与校准点年份的数据相吻合，那么该时段的平均折旧率必须被唯一地确定。任何一致性地偏离平均折旧率都会使校准年份折旧额的估算值与“中国投入产出表”中的校准值发生偏离。

表 4－3　不同折旧率取值下 1952 年向后递推的实物资本存量比较（2000 年价）

单位：亿元

折旧率	4.85%	4.9%	4.95%	5.0%	5.05%	5.1%	5.15%
1952 年资本存量	6500.3	6500.3	6500.3	6500.3	6500.3	6500.3	6500.3
1978 年资本存量	30741.7	30620.2	30499.6	30379.9	30261.1	30143.1	30026.0
1986 年资本存量	59286.0	59063.8	58843.3	58624.5	58407.3	58191.8	57977.9
1987 年折旧额	2875.4	2894.1	2912.7	2931.2	2949.6	2967.8	2985.9

为了保证初始年份的实物资本存量属于合理值，同时要使得校准年份的折旧额符合既定值，那么 1952～1987 年的平均折旧率就是 5.0%。这条平均折旧率曲线本身相当于一条中心线，如果有些年份的实际折旧率大于平均折旧率，就必定另有一些年份的实际折旧率小于平均折旧率，这就充分反映了平均折旧率的重要意义。在此基础上，同时估算得到了 1952～1987 年的实物资本存量、折旧额及资本产出比，具体计算结果见表 4－4。

表 4 - 4　　1952 ~ 1987 年中国资本存量估算结果（2000 年价）

年份	折旧率（%）	资本存量（亿元）	折旧额（亿元）	资本产出比	年份	折旧率（%）	资本存量（亿元）	折旧额（亿元）	资本产出比
1952	5. 0	6500. 3		2. 32	1970	5. 0	16296. 1	750. 8	1. 95
1953	5. 0	6587. 6	325. 0	2. 04	1971	5. 0	17704. 3	814. 8	1. 97
1954	5. 0	6764. 3	329. 4	2. 00	1972	5. 0	19083. 2	885. 2	2. 05
1955	5. 0	6969. 6	338. 2	1. 94	1973	5. 0	20543. 2	954. 2	2. 05
1956	5. 0	7445. 8	348. 5	1. 80	1974	5. 0	22230. 0	1027. 2	2. 17
1957	5. 0	7808. 3	372. 3	1. 79	1975	5. 0	24274. 9	1111. 5	2. 18
1958	5. 0	8718. 6	390. 4	1. 65	1976	5. 0	26142. 5	1213. 7	2. 38
1959	5. 0	9853. 4	435. 9	1. 72	1977	5. 0	28032. 9	1307. 1	2. 37
1960	5. 0	11070. 1	492. 7	1. 93	1978	5. 0	30379. 9	1401. 6	2. 30
1961	5. 0	11356. 3	553. 5	2. 73	1979	5. 0	32800. 7	1519. 0	2. 31
1962	5. 0	11388. 2	567. 8	2. 90	1980	5. 0	35546. 6	1640. 0	2. 32
1963	5. 0	11523. 6	569. 4	2. 66	1981	5. 0	38072. 7	1777. 3	2. 37
1964	5. 0	11918. 3	576. 2	2. 33	1982	5. 0	40888. 6	1903. 6	2. 33
1965	5. 0	12533. 2	595. 9	2. 09	1983	5. 0	44125. 9	2044. 4	2. 27
1966	5. 0	13342. 2	626. 7	2. 01	1984	5. 0	48243. 6	2206. 3	2. 16
1967	5. 0	13811. 0	667. 1	2. 21	1985	5. 0	53175. 0	2412. 2	2. 10
1968	5. 0	14211. 3	690. 5	2. 37	1986	5. 0	58624. 5	2658. 7	2. 12
1969	5. 0	15015. 1	710. 6	2. 14	1987	5. 0	65016. 1	2931. 2	2. 11

图 4 - 1 描绘了 1952 ~ 1987 年实物资本存量与其增长率的变化情况。可以发现，该期间实物资本存量的增速较快，年均增长速度为 6. 8%。1952 年实物资本存量为 6500. 3 亿元，经过 35 年的积累，1987 年已到达 65016. 1 亿元，是 1952 年的 10 倍。从历年实物资本增长率来看，可分为三个阶段：第一阶段是 1952 ~ 1969 年这一时段，该阶段的明显特征是实物资本存量增长率的起伏变化较大，年均增长率仅为 5. 05%。1953 年实物资本增长速度只有 1. 34%，之后是 2. 68%、3. 04%、6. 83% 及 4. 87%，进入"三年大跃进"时期后，基建投资急速膨胀，1958 ~ 1960 年间的年均增速高达 12. 68%；随后骤降为 2. 6%、0. 28%，之后开始慢慢恢复至 1966 年的 6. 46% 后又开始向下调整。第二阶段是 1970 ~ 1983 年这一时段，该阶段的明显特征是实物资本存量增长率在窄幅调整中波动，年均增长速度提高至 7. 96%。14 年中，1975 年的增长率最高，达到 9. 2%，其余年份均在 8% 左右波动，总共有 6 个年份的增长率在 8% 以

上，8 年的增长率在 7% ~8% 之间。第三阶段是 1984 ~1987 年这一时段，该阶段的明显特征是实物资本增长率基本保持逐年上升态势，年均增速高达 10.46%。这说明，随着中国经济体制改革重心向城镇地区的转移，固定资产投资增速明显加快，实物资本存量增长率明显提高，1984 ~1987 年分别为 9.33%、10.22%、10.25%及 10.90%。

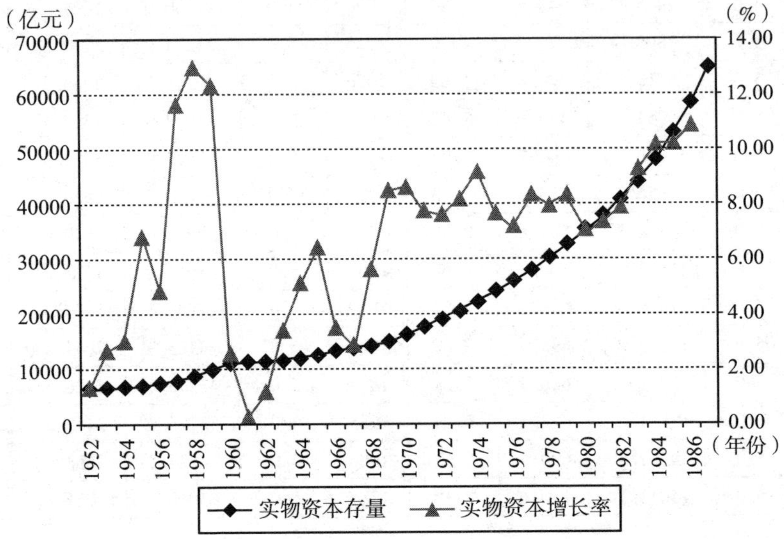

图 4-1　1952 ~1987 年实物资本存量变化趋势

图 4-2 刻画了 1952 ~1987 年资本产出比的变化趋势。该期间的资本产出比平均保持在 2.17 左右。1970 年之前资本产出比与实物资本增长率的变化规律类似，变动较为剧烈。随着我国社会主义改造任务的完成，中国的生产力得到了较大的恢复和发展，资本产出比不断下降。“大跃进”时期的政策导向使得资本存量迅速膨胀，而经济增长率仅在 1958 年达到 21.3% 高点后便无法维续。紧随其后的 3 年自然灾害时期，经济增长率大幅回落，1960 ~1962 年的经济增长率分别为：-0.3%、-27.3% 和 -5.6%，导致资本产出比在 1958 年达到第一个低谷 1.65 后不断攀升至 1962 年的 2.90。随着国防建设的启动和加速，固定资产投资不断增长，1964 年经济增长率上升到 18.3%，而由于 1966 年发动的“文化大革命”也使得经济发展受到阻力进而出现大幅调整，

直至1970年才又达到另一个波峰19.4%。于是，资本产出比也在这种调整中下降至1970年的1.95，达到这段时期的另一个低谷。1970年之后资本产出比在窄幅调整中不断波动，基本维持在1.97～2.38。此期间的峰值为1976年的2.38，自1981年开始，资本产出比持续下降至1987年的2.10。此阶段实物资本使用效率的提高主要得益于改革开放政策效果的不断显现。家庭联产承包责任制的实行解放了广大农村地区经济发展的束缚、对国有企业放权让利的各种探索、对多种经济形式的鼓励和尝试等，这些都极大地提高了中国的生产力。

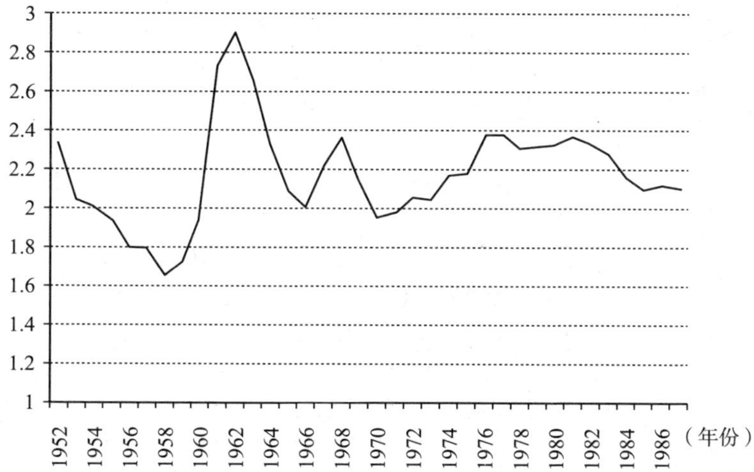

图4－2　1952～1987年资本产出比变化趋势

4.3.2　1988～2015年这一时段

国家统计局在1987年之后还有10个年份的投入产出表有固定资本折旧额数据，故可以将这段期间划分为10个子区间，分别为：1988～1990年、1991～1992年、1993～1995年、1996～1997年、1998～2000年、2001～2002年、2003～2005年、2006～2007年、2008～2010年、2011年至今。利用式（4－9）、式（4－12）等建立折旧额方程，然后结合式（4－1）计算出各子区间的平均折旧率以及1988～2015年的实物资本存量（2000年价），具体结果见表4－5。

1987年以后的10个时段里的平均折旧率均不相同。1988～1990年的平均折旧率最低，为5.1180%，之后各时段的平均折旧率依次为6.2631%、7.0236%、

7.2990%、7.5040%、7.8521%、7.4554%、7.4289%、6.6304%、6.0365%，详见图4－3。可清晰发现：1987年之后各时段的平均折旧率以2001～2002年这一时段为转折点呈现出先上升后下降的规律特点。

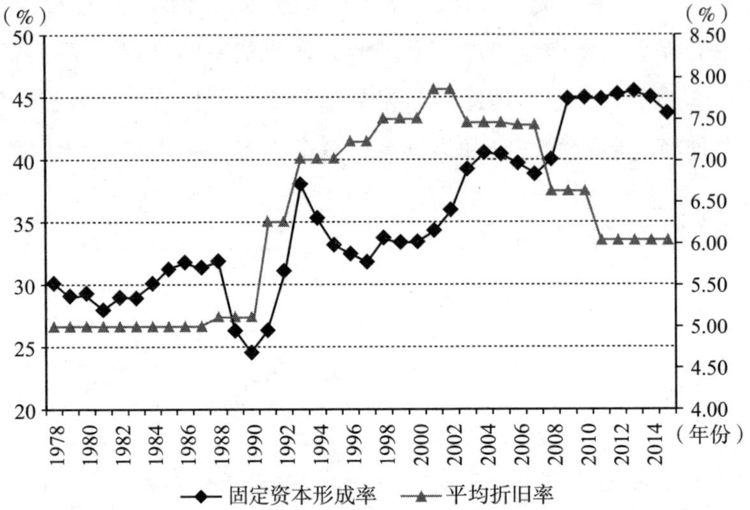

图4－3　1978～2015年固定资产形成率与平均折旧率比较

表4－5　　1988～2015年中国资本存量估算结果（2000年价）　　单位：亿元

年份	折旧率（%）	资本存量	折旧额	Y/K	年份	折旧率（%）	资本存量	折旧额	Y/K
1988	5.1180	71851.1	3327.5	2.09	2002	7.8521	258613.8	18377.3	2.18
1989	5.1180	76975.5	3677.3	2.15	2003	7.4554	290827.9	19280.7	2.23
1990	5.1180	82156.3	3939.6	2.21	2004	7.4554	328160.1	21682.4	2.28
1991	6.2631	87581.9	5145.5	2.15	2005	7.4554	369910.2	24465.7	2.31
1992	6.2631	95216.8	5485.3	2.05	2006	7.4289	419726.6	27480.3	2.33
1993	7.0236	104929.3	6687.6	1.99	2007	7.4289	476469.5	31181.1	2.31
1994	7.0236	116894.9	7369.8	1.96	2008	6.6304	544362.4	31591.8	2.41
1995	7.0236	130689.1	8210.2	1.97	2009	6.6304	632955.8	36093.4	2.56
1996	7.2290	145622.7	9447.5	2.00	2010	6.6304	732034.0	41967.5	2.68
1997	7.2290	160987.4	10527.1	2.02	2011	6.0365	841362.2	44189.2	2.81
1998	7.5040	177388.9	12080.5	2.07	2012	6.0365	963879.8	50788.8	2.98
1999	7.5040	194640.2	13311.3	2.11	2013	6.0365	1097097.5	58184.6	3.15
2000	7.5040	213562.1	14605.8	2.13	2014	6.0365	1234749.9	66226.3	3.31
2001	7.8521	234043.1	16769.1	2.15	2015	6.0365	1376043.3	74535.7	3.45

正如式（4－23）所示，平均折旧率由一段时期的经济增长率、固定资本形成率、资本产出比共同决定。在其他条件不变情况下，固定资本形成率越高，平均折旧率越大。图4－3同时列示了固定资本形成率与平均折旧率在1978～2015年间的变化趋势。根据二者时间变化的趋势特点可分为五个时段：1988～1990年这一时段和1994～1997年这一时段，固定资本形成率明显下降而平均折旧率却小幅度提高，二者出现了小幅度背离；1991～1993年这一时段和1998～2002年这一时段，二者不断同步上升，保持了相同的变化态势；2003年之后时段，固定资本形成率在调整中逐步攀升而平均折旧率却不断下降，呈现背离态势，尤其是2008年以后，二者背离的程度越来越大，主要原因是该时段的资本产出比不断上升，同时经济增长率不断降低。平均折旧率的高低反映了该时段固定资产更新换代速度的快慢，折旧率越高，说明固定资产更新越快，反之，固定资产更新越慢。因此，2008年以后时段固定资产更新速度明显放缓，这也缘于金融危机后中国大规模的投资刺激计划的实施。

图4－4描绘1988～2015年这一时段实物资本存量变化的整个过程。从总量上看，全国实物资本存量实现了快速增长。1988年为71851.1亿元，到2015年已经达到1376043.3亿元，27年间增长了19.15倍，年均增长率达到11.55%，比1952～1987年这一时段的年均增长率高出4.75个百分点，比同期全国GDP年均增长率9.51%仍然高出2.04个百分点。从时间变化趋势上看来，大致分为五个阶段：第一阶段是1988～1991年这一时段，此阶段实物资本存量逐年上升但增长率却连年下降，年均增长率仅为6.82%；第二阶段1992～1995年这一时段，此阶段实物资本存量及其增长率均连年上升，年均增长率高达11.13%；第三阶段1996～2001年这一时段，此阶段增长率出现了下滑趋势，与1988～1991年这一时段类似，但年均增长率仍为9.95%，比其高出2.9个百分点；第四阶段2002～2009年这一时段，此阶段每年的实物资本存量与增长率均大幅度上涨，年均增长率高达13.64%；第五阶段2010～2015年这一时段，此阶段年均增长率较前阶段略微下降，仍高达13.45%，实物资本存量大幅度增加，但增速却连年下降，分别为15.65%、14.93%、14.56%、13.82%、12.55%、11.44%。

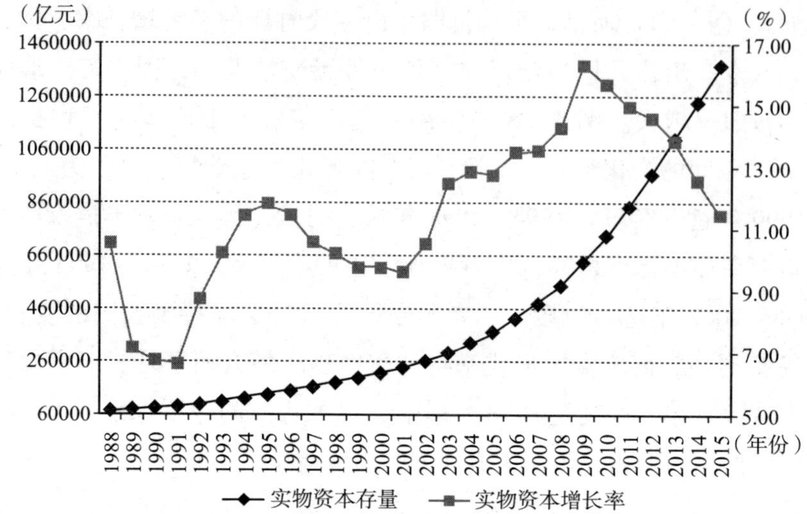

图 4-4　1988~2015 年实物资本存量变化趋势

图 4-5 描绘了 1988~2015 年劳均实物资本存量的变化趋势。从总量上看，全国劳均实物资本存量亦实现了较为快速地增长。1988 年中国劳均实物资本存量为 13223.96 元，到 2015 年已经高达 177666.31 元，27 年间增长了 13.44 倍，年均增长率为 10.1%。从时间变化趋势上看来，实物资本存量与劳均实物资本存量增长率的变化轨迹一致，而实物资本存量增长率始终高于劳均实物资本存量增长率。在 1988~1991 年、1992~1995 年、1996~2001 年、2002~2009 年以及 2010~2015 年各个时段，劳均实物资本存量的年均增长率分别为：0.37%、10.08%、8.77%、13.09%、13.06%。其中，1990 年劳均实物资本存量增长率为 -8.8%，直接拉低了 1988~1991 年这一时段的增长率，这主要归因于 1990 年就业人员数的剧增。由图 4-5 可以看到，就业人员增长率 1990 年为 17.03%，显著地高于以往年份的增长率，究其原因应当是人口普查与抽样调查数据的统计方法差异而导致。如若剔除掉 1990 年异常值的影响，1988~1991 年这一时段的劳均实物资本存量每年增长率平均为 5.99%，依然是增长最为缓慢的时段。相比而言，2002~2009 年这一时段增速最快，此时段实物资本存量增长迅速而就业人员增长率却不断下降。然而，进入 2010~2015 年

这一时段后劳均实物资本存量的增速开始下滑，主要是由实物资本本身增速的下降而造成。

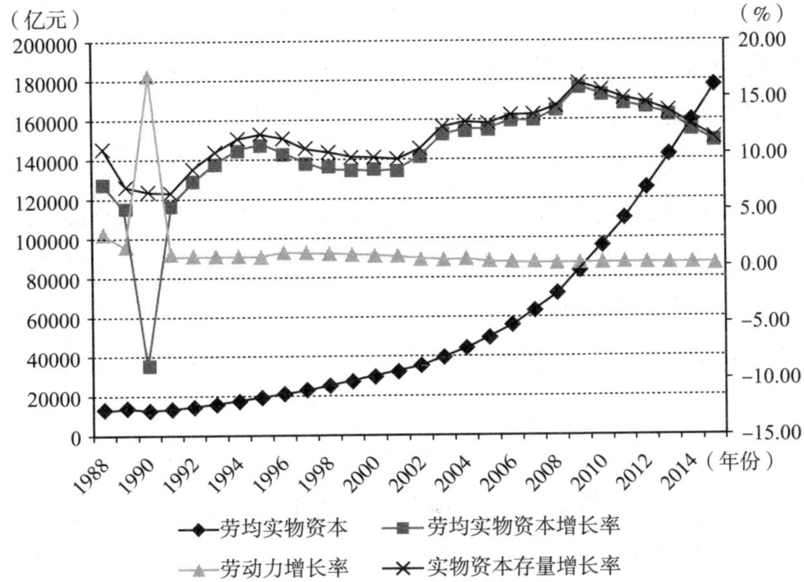

图4-5　1988~2015年劳均实物资本存量及增长率变化情况

图4-6描绘了1988~2015年的资本产出比的变化情况。按其变化趋势及剧烈程度的不同大致可分为四个阶段。（1）1988~1990年这一时段：该阶段资本产出比相对处于低位，但呈现逐年攀升态势。1989~1990年的全社会固定资产投资额大幅下降，同比增长率分别为-7.2%及2.4%，造成当年经济增长率①也迅速下滑至4.2%和3.9%，使得资本产出比上升至新的波峰2.21。（2）1991~1994年这一时段：该阶段资本产出比不断下降达到新的低谷。随着新一轮投资计划的实施，1991~1994年的全社会固定资产投资额迅速增加，同比增长率分别高达23.9%、44.4%、61.8%以及20.4%，与此同时，经济增长率也实现了

① 值得注意的是，国家统计局根据第三次经济普查数据对2013年及以前年度的国内生产总值和指数进行了系统修订，同时，2013年之后将研发支出计入GDP核算，这些核算方法的改变会导致据此计算得到的历年增长率也会发生略微的变化。本文此处分析所采用的经济增长率依据修订后数据计算而得到，因此，与国家统计局公开发布的历年GDP增长率数据在部分年份会略微有些差异。

大幅度增长，分别达到9.3%、14.2%、13.9%以及13.1%，资本产出比也降至为1994年的新谷底1.96，实物资本的产出效率得到明显提高。(3) 1995~2006年这一时段：该阶段资本产出比不断上升但增速较为平缓。1995年的资本产出比为1.97，2006年达到2.33，年均增长率达到1.52%。此期间全社会固定资产投资的增速与上一时段相比明显放缓，同比增长率平均达到17%，平均经济增长率也降低至9.7%。(4) 2007~2015年这一时段：该阶段资本产出比继续保持增长态势但增速明显加快。2007年的资本产出比为2.31，2015年已达到3.45，年均增长率达到5.11%，高出1995~2006年这一时段3.59个百分点。这种变动趋势恰恰反映了中国实物资本存量增长速度明显大于国内生产总值增长速度。究其原因，是由于该时段中国固定资产投资增速较快，尤其是2008年底推出的“4万亿投资计划”，固定资本形成率由2007年的42.67%快速攀升至2015年的54.04%，使得实物资本存量急速增大，但是该时段的平均经济增长率却下降0.4个百分点达到9.3%。同期资本产出比的快速上升，表明单位实物资本的产出不断下降，换言之，实物资本的使用效率在下降。

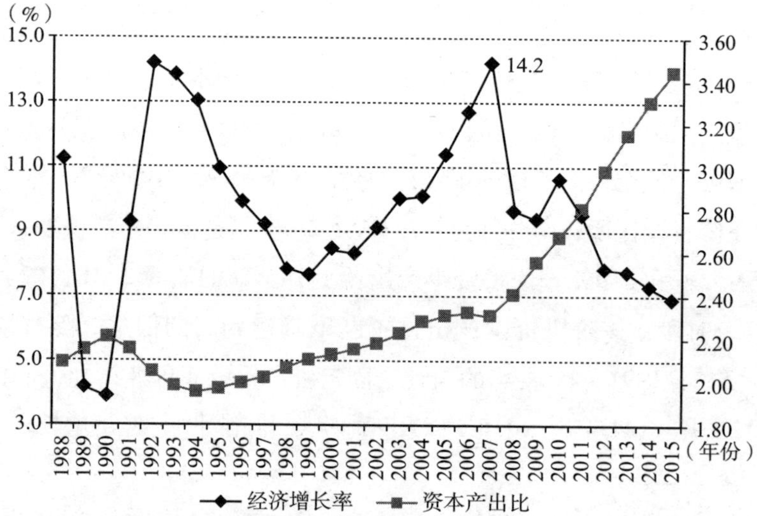

图4-6 1988~2012年经济增长率与资本产出比变化趋势

4.4　与其他学者估算结果的比较

各位学者估算实物资本存量时选择的基期年份不同，以固定资本平减指数将所有估算结果转化为2000年价。图4－7列示了1952年及1978～2007年各位学者及本书实物资本存量的估算结果。通过比较可发现：本书估算的实物资本存量序列与毛军（2005）的研究结果最为接近，高于单豪杰（2008）、叶宗裕（2010）和徐杰（2010）的估算结果，却远低于何枫（2003）的估算结果。以2000年实物资本存量为例，毛军（2005）的估算结果为218303亿元，本书为213562亿元，毛军（2005）略微高于本书估计结果；单豪杰（2008）、叶宗裕（2010）和徐杰（2010）的估计结果分别为178122亿元、180870亿元和182681亿元，而何枫（2003）的估计结果为392910亿元，与本书估计结果相差较大。这主要有两方面原因：一是各位学者采用的新增投资额口径有差异，如何枫（2003）和毛军（2005）采用了资本形成额口径，这一口径包含了固定资本形成额和存货两部分内容，单豪杰（2008）、叶宗裕（2010）、徐杰（2010）和本书均采用固定资本形成额口径，基于资本形成额口径估算出的结果倾向于高于本书的估计。二是各位学者关于折旧率或折旧额的处理存在显著差异。何枫（2003）估算过程中并未考虑折旧，第t年年末的实物资本存量等于第t－1年末的资本存量加上第t年的新增投资，因此，估算得到的存量结果远远高于考虑折旧额的其他估算结果，其实物资本存量序列曲线的相对位置最高。图4－8列示了其余学者在校准点年份（即投入产出表公布年份）的折旧额序列。其中：叶宗裕和单豪杰估算的折旧额明显高于当年校准点年份公布的实际数据，这是因为两位学者在计算折旧额时采用的折旧率明显大于本书估算的折旧率序列。正如表4－6所示，叶宗裕估算的折旧率介于9.96%～11.09%，单豪杰估算的折旧率介于10.31%～10.77%，徐杰的折旧率介于8.97%～9.15%，而本书的平均折旧率介于5.0%～7.85%。基于相同的固定资本形成额序列，较高的折旧率会使得每年的折旧额较高，从而使得实物资本存量更倾向于低于本书估算结果，且折旧率差异越大，实物资本存量差异越大。叶宗裕和单豪杰的折旧率相对最高，徐杰次之，本书最低，因此，从实物资本存量序列曲线的相对位置来看，叶宗裕和单豪杰的最低，徐杰略高，但仍位于本书估计的曲线下方。比较毛军（2005）和本书的折旧率大小会发现，前者略低，两者相差不大，如 1952～1977 年这一时段毛军估算的折旧率基本维持在2.9%～3.7%，略低于本书估计的平均折旧率 5.0%，根据毛军 1978 年后获得的折旧额数据推算出投入产出表年份的折旧率①，发现 1990 年和 2000 年的折旧率分别为5%和7.47%，略低于本书估算结果。较低的折旧率加上相对更大的资本形成额口径估算得到的实物资本存量序列略微高于本书估算结果，这也在情理之中。

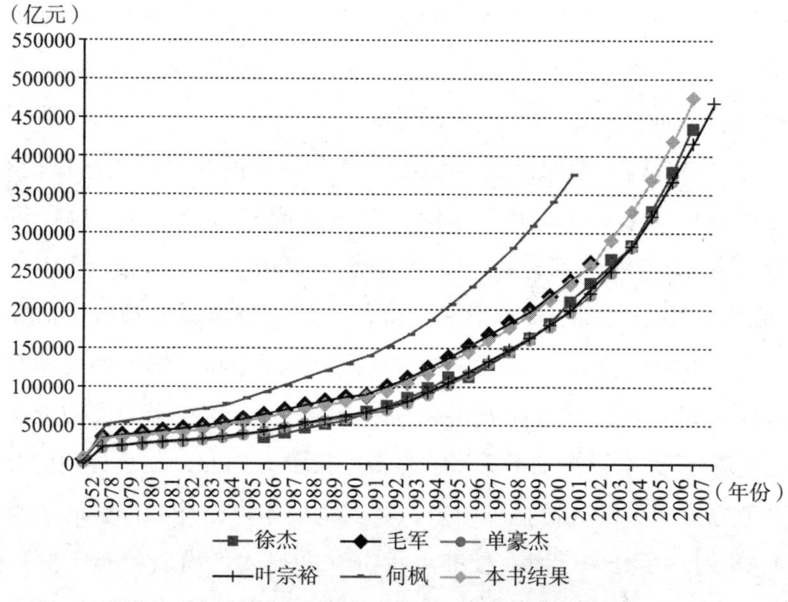

图 4－7　本书与各位学者的实物资本存量比较

① 本书投入产出表年份的折旧率是由估算得到的资本存量和折旧额数据推算得到。毛军（2005）假定《1992 统计年鉴》中公布的"全民所有制企业固定资产折旧率"为全国固定资产折旧率，获得 1952～1977 年的折旧率序列；使用《GDP 核算历史资料》中发布的各地区固定资产折旧数据加总得到 1978～2002 年全国的折旧额序列。本书投入产出表年份的折旧率是由估算得到的资本存量和折旧额数据推算得到。

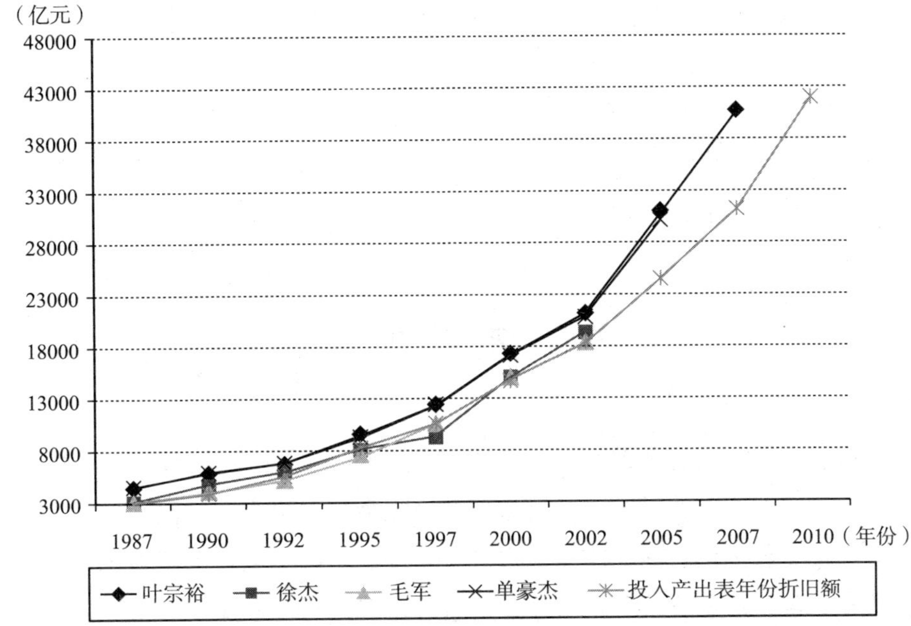

图 4 - 8　本书与各位学者校准点年份的折旧额比较

表 4 - 6　本书与各位学者校准点年份折旧率与资本产出比的比较

年份	叶宗裕		徐杰		毛军		单豪杰		本书	
	折旧率	Y/K	折旧率	Y/K	折旧率	Y/K	折旧率	Y/K	折旧率	Y/K
1987	9.96	1.60	8.87	1.32	4.76	2.29	10.77	1.52	5.0000	2.11
1990	9.99	1.67	8.87	1.53	5.00	2.36	10.62	1.59	5.1180	2.21
1992	10.1	1.59	8.09	1.65	5.82	2.19	10.73	1.52	6.2631	2.05
1995	10.25	1.61	8.09	1.72	6.09	2.11	10.31	1.56	7.0236	1.97
1997	10.35	1.69	9.15	1.64	6.88	2.13	10.62	1.66	7.2290	2.02
2000	10.53	1.82	9.15	1.84	7.47	2.20	10.59	1.80	7.5040	2.13
2002	10.6	1.89	9.15	2.01	7.71	2.23	10.55	1.87	7.8521	2.18
2005	10.96	2.04		2.08			10.69	2.04	7.4554	2.31
2007	11.09	2.05		2.15					7.4289	2.31

此外，从资本产出比来看，本书在校准点年份的估算结果基本维持在 1.97～2.31，与毛军（2005）最为接近；高于叶宗裕、单豪杰和徐杰的估算结果且差异较大，这主要是由于这些学者估算的实物资本存量本身偏低所致。不

过，各位学者估算的资本产出比的变化趋势基本一致，均呈现先升后降再升的“N”型规律，尤其是1995年以来，资本产出比一致持续不断上升，这说明实物资本的产出效率在持续下降。从不同校准点年份的变化幅度来看，本书和毛军（2005）估算的资本产出比变化较为平缓，叶宗裕和单豪杰次之，徐杰估算的资本产出比变化最为剧烈。

4.5 本章小结

折旧率是永续盘存法测算实物资本存量中的关键变量。当计算期较长时，即使折旧率只有很微小的变动，其累积效应也会变得很大，进而会对资本存量的估计值产生较大的影响。本章从数理上推导了折旧率与资本产出比、固定资本形成率、经济增长率之间的关系，为合理地确定折旧率奠定了基础。为了增强估算结果的可信性，本章基于平均折旧率这一概念，以国家统计局公布的11个年份的“中国投入产出表”中折旧额数据为校准点，在保证这些年份的固定资本折旧符合既有统计数据的前提下，以1987年为分界点分别向前递推和向后递推重新估算了中国1952～2015年的实物资本存量。

结果表明：（1）各时段的平均折旧率分别为5.0%、5.1180%、6.2631%、7.0236%、7.2990%、7.5040%、7.8521%、7.4554%、7.4289%、6.6304%、6.0365%，呈现出先上升再下降的特点。各个时段的平均折旧率都只能取唯一值，任何一致地偏离该平均折旧率都会造成资本存量的估计出现系统性误差。（2）实物资本存量及劳均实物资本存量自1978年之后均实现快速增长。1952年实物资本存量仅仅为6500.3亿元，1978年为30379.9亿元，2015年已高达1376043.3亿元。1952～1977年、1978～2015年这些时段实物资本存量的年均增长率分别为6.02%、10.86%。1952年劳均实物资本存量为3135.84元，1978年为7566.23元，2015年已达到177666.31元。1952～1977年、1978～2012年这些时段劳均实物资本存量的年均增长率分别为3.33%、8.90%。（3）资本产出比在1952～2012年间波动较为频繁。1952～1970年与2007～2015年这些时段变化幅度较为剧烈，其余时段变化较为平缓。而2007～2015年这一时段资本产出比的不断攀升应尤其注意。这种趋势恰恰反映了中国实物资本存量增长速度明显大于国内生产总值增长速度，说明单位实物资本的产出效率在持续下降。

本章通过测算得到各个时段的平均折旧率及实物资本序列具有重要的参考意义：在采用永续盘存法估算实物资本存量时，只要使用固定资本形成额作为投资，不管通过何种方法获得或设定折旧率，不管折旧率有何种波动和变化，只要依据估算出的资本存量序列和折旧率序列计算得到11个校准点年份的折旧额符合投入产出表中的折旧额数据，那么，其折旧率序列和资本存量序列必定是围绕在本书估算得到的平均折旧率序列和实物资本存量序列上有所波动而已。

第5章　中国人力资本存量的估算

新经济增长理论认为人力资本是经济增长的重要投入要素，人力资本积累是经济持续增长的决定性因素和产业发展的真正源泉（卢卡斯，1988）。准确地估算人力资本存量是宏观经济实证分析的重要前提。然而，由于人力资本自身的一些特性，如人身依附性，不可观测性等，各位学者对人力资本含义的理解尚未达成共识，对究竟选择何种指标来表征该变量也尚未达成统一的意见，具体测度和估算的思路和方法也表现出巨大差异。本章在述评相关文献的基础上，沿用了成本加权法的思路来估算中国1978～2013年的人力资本存量，并做出两点改进：一是人力资本投资成本范围拓展为直接教育、医疗保健及文教娱乐支出；二是考虑了教育投资时滞，客观地还原各年龄不同学历层次劳动者的真实教育成本，从而为后续的经济潜在产出及潜在增长率的测算服务。

5.1　人力资本内涵及估算方法的述评

舒尔茨和贝克尔对人力资本进行了系统性论述，形成了现代人力资本理论。舒尔茨指出人力资本是相对于实物资本而存在的一种资本形态，表现为人所拥有的知识、技能、经验和健康。他强调人力资本是投资的产物，需消耗各种稀缺资源而形成，主要包括五类支出：医疗和保健、在职人员培训、正式建立起来的初等、中等和高等教育、不是由企业组织的那种为成年人举办的学习项目、个人和家庭适应于变换就业机会的迁移。贝克尔更多从微观角度来研究人力资本投资，认为人力资本不仅意味着才干、知识和技能，而且还意味着时间、健康和寿命。强调所有用于增加人的资源并影响其未来货币收入的投资皆为人力资本投资，包括教育支出、保健支出、劳动力国内流动的支出或用于移民入境的支出等，还强调了“在职培训”的重要性，且只有预期边际投资收益至少等于边际投资成本时，人们才愿意进行人力资本投资。舒尔茨和贝克尔两位大师的观点为后来学者的研究搭建了理解人力资本内涵的基础框架——人力资本是由各种各样的投资形成，只是众多学者关于人力资本投资范畴这一问题出现了分歧。由人力资本内涵可以延伸出人力资本量的测算，也产生了许多人力资本估算的方法。如果考虑人力资本形成过程，将人力资本作为投资的产物时，有两种方法来衡量其量的大小：一是将人力资本的价值总量等同于投资的总成本之和，这种思路称为“成本法”。二是将人力资本的价值总量看成由投资带来的预期未来收益之和，这种思路称为“收入法”。如果抛开人力资本形成的这个过程只看结果的话，那可以通过一些反映国家国民素质提高的指标来衡量人力资本存量的变化，这种方法称为“教育成果法”。

5.1.1 基于成本法估算的研究

沈利生等（1999）提出人力资本存量等于各种教育水平的劳动力人数与获得该教育程度所需教育投资乘积的和，此方法实质上是以教育成本为权对各学历层次的劳动力人数进行加权，可称为“成本加权法”。张帆（2000）认为广义人力资本投资包括把儿童抚养到工作年龄的消费支出、教育投资、健康投资以及研究和发展投资，狭义人力资本包括教育投资和健康投资，并使用每年净投资累计加总得到人力资本存量。

肯德里克（1976）、钱雪亚（2005，2008）、侯风云等（2005）、焦斌龙等（2010）、柏培文（2012）等均采用了永续盘存法来估算，其计算公式为：$H_t = H_{t-1}(1-\delta) + I_t/P_t$。该方法估计包括四个关键变量：初始人力资本存量 H_0 的确定、当年的人力资本投资额 I_t、投资价格指数的选定 P_t、人力资本折旧额或折旧率 δ 的确定。该方法应用较为广泛，然而各位学者对每一关键变量的处理方式都存在或多或少的差异，使得人力资本估算结果差异巨大。首先是初始人力资本存量的确定。如侯风云等（2005）将1952～1978年各年投资额累加值作为1978年人力资本存量；钱雪亚（2005，2008）假设第一期的资本存量是过去所有投资的加总；焦斌龙等（2010）构造了人力资本收入比指标，并假定1977～1979年的人力资本对居民总收入的贡献比没有发生变化，在此基础上推算出1977年的人力资本存量。其次是当年的人力资本投资额。侯风云等（2005）认为人力资本投资包括教育、文化、科研、健康、干中学和就业迁移六种类别；钱雪亚（2008）认为人力资本涵盖了教育培训投资、卫生保健类投资。王德劲（2008）估算时包含教育总支出、学生放弃的机会收入、公共卫生保健费、个人卫生保健费、政府科研支出、迁移总费用。焦斌龙等（2010）估算时定义为教育、卫生、科研、培训和迁移五种人力资本投资的总和。再次是投资价格指数的选定。很多文献回避了对人力资本投资额的价格调整问题（孙景尉，2006；侯风云等，2005）。张帆（2000）的研究强调需要对历史投资做出价格调整，但究竟如何处理却未作详细说明。有关文献进行价格调整的处理方式有三种：一是采用居民消费价格总指数（沈利生等，1999）；二是采用将消费品和资本品因素都囊括在内的GDP平减指数（焦斌龙等，2010）；三是区分不同类型的人力资本而编制综合性价格指数（钱雪亚，2008）。最后是人力资本折旧额或折旧率的确定。一般有三种方法：一是考虑人力资本异质性而确定不同折旧率。钱雪亚（2008）区分了一般性人力资本和专业化人力资本，依据其特点假定不同的受益期和寿命期，依据几何递减效率模式确定了一般性人力资本和专业化人力资本的折旧率分别为3.66%和7.19%，并根据两类投资比例结构加权平均得到人力资本折旧率为5.14%。焦斌龙等（2010）假设残值率为0基于直线折旧法测算了教育、卫生、培训和科研四类人力资本的折旧率分别为2.27%、3.33%、3.33%和6.67%，并假定迁移人力资本在当年就折旧完，不具有积累性。二是假定所有人力资本采用同一折旧率。肯德里克（1976）、张帆（2000）考虑了折旧，但并未说明折旧率确定的标准和方法；侯风云等（2005）假设人力资本形成时间需要44年，折旧持续21年，从而推算出全部人力资本的折旧率为9.98%。三是鉴于人力资本特殊性而采用相应替代变量来反映折旧额。孙景蔚（2006）认为居民日常生活中的教育和卫生保健支出类似于对机器的维修支出，间接度量了人力资本损耗的大小，反映了已有人力资本存量的折旧水平。

成本法关注于人力资本形成的历史成本，估算所需数据相对容易获得。永续盘存法通常假定人力资本在使用的过程中所拥有的知识和技能会老化贬值，人的体力与精力会逐渐下降，即人力资本存在折旧，而折旧方法的选择也是五花八门。然而，值得注意的是，人力资本不存在实物形态，其依附于劳动者本身，那么其是否存在折旧？存在折旧的话是否应当与实物资本类似呢？如果劳动者本身注重自我学习和能力的提升，形成自主锻炼和自我保健的习惯，那么人力资本不仅不会折旧，反而有升值的可能（格瑞艾姆和韦伯，1979）。人力资本折旧率的大小更多取决于人力资本存量载体的勤勉和努力程度（王德劲，2007）。此外，成本法忽略了人力资本载体的个体差异，假定投资成本相同则人力资本存量相同。如资质聪慧者人力资本倾向于低估，而资质愚笨者人力资本则倾向于高估（钱雪亚，2012）。总之，由于考虑角度、计算方法等方面的差别，虽然都由成本来推算人力资本，结果相差甚大。

5.1.2　基于收入法估算的研究

不同时期的收益不能直接相加，需要考虑货币的时间价值，这样才具有可比的基础。法尔（1853）将人力资本货币值视作未来收入流的资本化与个人生活消费的净差额，并根据生命表进行死亡率调整。沿用该思路，乔根森和弗劳梅（1989）对基于收入测算的人力资本计算公式进行了修正。国内目前只有王德劲（2006）、李海峥等（2010，2013）和柏培文（2012）采用过此方法。为了剔除实物资本对劳动收入的影响，马利根和萨拉－伊－马丁（1995）将劳动力总收入与未受教育者的劳动收入相除，获得人力资本指数值。在此模型启发下，朱平芳和徐大丰（2007）提出单位人力资本概念，在对技术进行适当假设基础上，提出了一个可实现的人力资本估算框架。张昭俊和赵宏中（2012）认为现实中人力资本价值最重要的显示信号就是收入，人力资本体现为收入的函数，据此提出人力资本存量等于劳动者收入除以人力资本折旧率与资本收益率之和。

影响劳动者收入的因素包括劳动者拥有的知识、能力、个体的努力程度、劳动力市场的供求状况、就业的行业与区域等。因此，采用收入法在某种程度上能将人力资本差异反映出来，同时无需碰触人力资本折旧问题，最能体现资本化思想。只是估算过程中存在两个难题：一是需要按性别、年龄、教育层次等特征变量分类的收入数据，这些基础数据在我国较难得到，这种现实限制导致此方法在我国实践中运用较为困难；二是工资的行业差别、地域差别等效应被混入到人力资本中，很难被隔离出来，这会造成估算的偏差。

5.1.3　基于教育成果法估算的研究

教育成果法因选择的衡量指标不同而各异。现有文献主要使用的有四种：一是采用平均受教育年限指标（萨卡罗普洛斯，1986；巴罗和李，1993）、二是受教育年限总和（王小鲁，2000）、三是成人识字率（罗默，1989；蔡昉，2000）、四是入学率（曼昆等，1992；李平和张庆昌，2008）等。

教育成果法本质上是选择某一代理指标来反映人力资本某一方面的特征。该方法简单明了，数据较容易取得，应用也极为广泛，只是该方法并未将人力资本货币化，故无法将其纳入资本的框架范畴中进行比较和讨论。

5.2　人力资本估算的思路及方法

5.2.1　估算思路

上述三种估算方法的思路迥异。鉴于我国收入基础数据缺乏的实际，同时为了避开人力资本折旧的争议，本书将沿用成本加权法来估算我国人力资本存量。这种处理方式融合了成本法与教育成果法的思想，考虑了不同学历层次人力资本及其投资成本的差异，且通过货币化可以将人力资本与实物及其他资本一起融入资本框架体系中进行研究。

沈利生等（1999）提出人力资本存量的计算公式如式（5－1）：

$$H_i = [L_{i1} \cdot (EUT \cdot 4 + EMT \cdot 6 + EPT \cdot 5) + L_{i2} \cdot (EMT \cdot 6 + EPT \cdot 5) + L_{i3} \cdot (EPT \cdot 5)] / PCR \quad (5-1)$$

其中，L_{i1}、L_{i2}及L_{i3}分别代表大学学历、中学学历及小学学历的劳动力人数，EUT、EMT以及EPT分别代表大学、中学和小学的人均教育经费，PCR表示价格指数。此方法着眼于现实人力资本而不是潜在人力资本的估算，实质上是以教育成本为权对各学历层次的劳动力人数进行加权。

本章沿用式（5-1）的人力资本估算思路，与沈利生等（1999）研究相比，本书做了两点改进：一是将人力资本投资成本范畴拓展为教育、医疗保健及文教娱乐支出。人力资本依附于劳动力本身，然而劳动者的劳动能力会因为自身的健康或知识及技能的老化而出现下降，客观上需要通过医疗保健来维持生命的健康和体力的充沛，需要自我学习或娱乐方式来保持知识和技能的更新，在某种程度上，医疗保健和文教娱乐支出的存在保证了劳动能力不下降。二是估算过程中考虑了教育投资时滞，更为客观地还原各学历层次劳动者的教育成本。按照我国学制安排，若某劳动者拥有研究生学历需要经历长达19年之久的教育，忽略不同时期教育成本差异，直接使用当年教育投入额作为投资成本，会造成较大的估算误差。

5.2.2　劳动力加权的权数选择

人力资本是超越于自然劳动力所具有的一般性知识、智力、能力、素质基础之上的更高层次的知识和能力。人力资本通过对人进行各种各样的投资所形成，但各位学者在研究中所涵盖的人力资本投资范围各不相同。综合各种人力资本投资方式，包括：把儿童抚养到工作年龄的消费支出、教育投资、医疗保健投资、研究和发展投资、迁移支出、干中学或在职培训、机会成本等。判断一项支出是否属于人力资本投资，关键在于区分该项支出的目的。投资支出以获取未来收益为目的，消费支出是以满足人们物质文化需要为目的。换句话说，如果一项支出能在原来一般劳动力的基础上增加该劳动力的知识和技能，使得劳动者具有更高的生产能力，那就可以认定为人力资本投资。前面所提及的投资方式中，教育和在职培训支出直接增加了劳动力的知识和技能，使其劳动生产力大幅提高；医疗保健支出直接提高了劳动者健康水平，保证了其更高效的生产效率，同时减少劳动者由于疾病导致工作效率及工作时间的下降所形成的潜在知识和能力的浪费；文教娱乐支出是劳动者用于自我学习和文化熏陶等方面的支出，不仅能增强劳动力自身的知识及技能，还能使其保持心理健康；迁移支出直接改变了劳动力所处的行业和空间范围，从而实现对现存劳动技能的充分高效利用。上述四种支出尽管包含着较强的消费性质，但是它们具有一个共性：该项支出使劳动者获得比一般劳动力更高的生产能力，因而属于人力资本投资。与此不同，小孩抚养费用只是为了保证劳动力的正常形成，劳动力人口日常的食品、衣着、家庭设备服务、交通等支出更多是为了满足自身生活需要，这类支出不以使劳动者获得更高的生产能力为直接目标，因而不属于人力资本投资。研究和发展投资对象是物，而不是人，也不属于人力资本投资。任何资产都有多种用途，故人力资本投资也存在机会成本。因此，本书认为人力资本投资范围应当包括教育支出、医疗保健支出、文教娱乐支出、迁移支出以及机会成本。对纳入到劳动力加权权数中投资方式的选择做出以下说明：

一是教育直接投资的范围。以往学者估算过程中采用了全国当年教育支出总额，但是该教育投资由于时滞并未形成当年的现实人力资本，而是潜在人力资本。为了避免潜在人力资本的困境，本书直接选定当年从业人员（即现实劳动力）作为人力资本的载体，只将这部分群体的教育支出纳入人力资本估算范畴，同时考虑到教育投资形成人力资本的滞后性反推出某一学历层次的劳动力人口的真实教育成本，即某一年龄段劳动者的教育投资是其尚在学习年龄时的教育投资。这样，任何一个劳动者的教育投资进而形成人力资本都是在其成为劳动者之前，经逐年积累而成，这就体现了教育投资的时滞特点。劳动者的受教育程度（学历年数）不同，投入到其身上的教育投资以及时滞程度也不同。由于人力资本的计算过程把教育投资分摊到相应的学习年龄段上，因而自动满足了教育投资的时滞，故无需估计各年的教育投资时滞是多少。一个显而易见的结果是，考虑了时滞后的人力资本估算结果必定会低于不考虑时滞时的估算结果。

二是纳入人力资本估算的医疗保健和文教娱乐支出范围。表 5 – 1 列示了我国近几年居民两周就诊率和住院率的年龄分布情况，资料来源于《2011年中国卫生统计年鉴》。15～54岁人群是劳动力中的绝对主力军，但是该群体就诊人数只占到全部就诊人员的33.9%，住院人数只占到全部住院人员的40.5%，而未进入劳动力的青少年（14岁以下儿童）和将要或已经退出劳动力市场的老人（55岁以上老人）占全部就诊人员人数的66.1%，占全部住院人员的59.5%。即便放宽范围，15～64岁的劳动力人口也只占到全部就诊人员的51.3%，占全部住院人员的57.5%。因此，全国每年的医疗保健支出总额中15～64岁的从业人员所花费的部分并不大，而以往学者将全部人口的医疗保健支出总额都纳入人力资本投资中有高估的嫌疑，故本文将只考虑现实劳动力的医疗保健支出。为保持计算口径的一致性，文教娱乐支出的主体也限定为现实的从业人员。

表5－1　　近几年居民两周就诊率及住院率的年龄分布情况

年龄组别	1993年（‰）		1998年（‰）		2003年（‰）		2008年（‰）		4次平均（‰）		各年龄组别比（%）	
	就诊	住院	就诊	住院	就诊	住院	就诊	住院	就诊	住院	就诊	住院
0～4	309.6	45.4	307.4	40.1	202.4	33.3	248.1	80.8	266.9	49.89	19.4	13.2
5～14	155.9	18.3	122.7	12.4	77.4	11.7	90.6	21.1	111.7	15.87	8.1	4.2
15～24	83.4	14.5	66.1	23.1	47	28.1	46.6	46.2	60.8	27.99	4.4	7.4
25～34	97.3	38.2	115.5	35.3	78.3	39.5	61.1	69.1	88.1	45.55	6.4	12.1
35～44	149.1	33.6	162	32.1	112.6	25.9	113.6	46.8	134.3	34.63	9.8	9.2
45～54	194.7	36.8	201.1	42.6	176.2	36.6	159.9	61.6	183.0	44.42	13.3	11.8
55～64	249.9	53.2	266.3	57.2	227.5	53.3	216	93.0	239.9	64.17	17.4	17.0
65＋	279.5	61.0	299.3	79.6	280.6	84.1	302.9	153.2	290.6	94.46	21.1	25.1
15～54	两周就诊率占比				33.9%							
	住院率占比				40.5%							
15～64	两周就诊率占比				51.3%							
	住院率占比				57.5%							

三是迁移支出并未纳入人力资本核算过程。本书的目标在于估算全国的人力资本存量而非地区差异。人力资本省际间的流动以及由此带来的迁移投资，仅仅改变了人力资本的区域分布却未改变整个国家的人力资本存量，因而可以

不用考虑这类型投资成本。当然，潜在或现实劳动力也可以在国家间进行流动，比如中国的海外移民人口或是移民到中国的外国人口等。表5－2列示了不同年份中国海外移民存量的变化情况，其中：各年海外移民总存量数据援引自高文书（2014）①，其余均为作者推算所得。从表中可知，自1990年以来中国海外移民总存量在不断增加，但1990～2013年平均增长率只有3.66%。以2013年为例，中国海外移民总存量虽已达到934万人，但也只占到总人口的0.69%，占当年从业人员的1.21%。整体而言，中国人口外迁率较低。因此，估算人力资本存量时，忽略迁移成本带来的误差并不会太大。

表5－2　中国海外移民存量及占当年相应人口比重

年份	海外移民总量	占从业人员比重	占总人口比重	占15～64岁人口比重
1990	409万人	0.63%	0.36%	0.53%
2000	549万人	0.76%	0.43%	0.62%
2010	876万人	1.15%	0.65%	0.88%
2013	934万人	1.21%	0.69%	0.93%
1990～2000年		平均每年增加14万人，平均增长率为3%		
2000～2010年		平均每年增加32.7万人，平均增长率为4.8%		
2011～2013年		平均每年增加19.3万人，平均增长率为2.2%		

四是忽略人力资本投资的机会成本。资产的多种用途决定了任何投资都存在机会成本。实物资本存量估算的大多文献均未考虑机会成本问题，为保证人力资本与实物资本及其他资本数据的可比性，这块成本不予考虑。

5.2.3 基本假定及计算公式

5.2.3.1 基本假定

为使人力资本估算简单化，本书做出如下假定：

① http://finance.sina.com.cn/china/20140619/035019455337.shtml. 需要说明的是，联合国经济和社会事务网站上发布的移民报告中，中国海外移民总量的数据不包含港澳台地区。

假定一：人力资本差异通过受教育程度不同来反映。拥有大学学历的劳动者比只有小学学历的劳动者附加的人力资本更大些，拥有研究生学历的劳动者比高中学历的劳动者的人力资本更大。因此，从业人员的受教育程度简易地反映出其人力资本的大小和不同。劳动者受教育程度的不同除了可以通过不同学历层次劳动者的受教育时间衡量外，还可通过彼此的教育投入成本差异来间接衡量。

假定二：劳动者按照国家学制的要求和规定获得相应学历。按照我国现行的规定和学制要求，从 6 周岁入学，小学 6 年，初中 3 年，高中 3 年，大专 3 年，大学 4 年，研究生 3 年，这意味着：一人正常升级顺利读完小学、初中、高中、大专、大学、研究生分别需要 6 年、9 年、12 年、15 年、16 年、19 年。换句话说：小学学历、初中学历、高中学历、大学学历及硕士研究生学历的人力资本形成分别需要 6 年、9 年、12 年、16 年及 19 年，人力资本形成经历了一个漫长的过程。而今天的教育投入并不立即形成现实劳动力，投资性支出发生并不等于资本形成（钱雪亚，2012）。如果某劳动者是研究生学历的话，那么，其小学期间投入的教育成本到形成现实的人力资本时滞最短也长达 13 年之久；初中期间投入的教育成本完全形成现实的人力资本时滞最短也长达 10 年之久。因此，忽略教育投资时滞带来的估算误差会明显偏大，直接教育成本的估算时需考虑教育投资时滞。

假定三：从业人员的最后学历一次性得到且一直保持不变。从业人员学历层次分为 6 级：未上学、小学、初中、高中、大学、研究生，其中：大专包含在大学学历中。现实生活中，部分劳动者可能是间断式地获得最后学历，如读完本科工作若干年后再攻读研究生或者辍学多年后重新就读获取更高学历；部分劳动者可能会半工半读，如攻读在职研究生等，这些情况和现象在基础数据缺失前提下无法准确估量和测算。为使估算问题简化，本书忽略这些情况，假定从业人员学习过程并未中断，且一旦获得最后学历后，便进入到劳动力市场中，并一直维持该学历水平不发生变化。

假定四：各组别的中间数为代表性从业人员的年龄。统计年鉴未提供各年龄从业人员的受教育程度分布数据，只能通过整理获得全国不同年龄阶段的劳动力受教育程度分布情况。其中：从业人员年龄分为 11 个组别，分别为：16 ~ 19

岁、20~24岁、25~29岁、30~34岁、35~39岁、40~44岁、45~49岁、50~54岁、55~59岁、60~64岁、65岁以上。对于每一年龄组别，选择中间年龄作为代表性从业人员的年龄，比如16~19岁假定代表性劳动力年龄为18岁，20~24岁组别的代表性劳动力年龄为22岁，之后组别依次为27岁、32岁、37岁、42岁、47岁、52岁、57岁、62岁，65岁以上从业人员的年龄统一归并为65岁。

5.2.3.2 计算公式

基于上述假定，本书估算人力资本教育投资成本时的思路是根据历年各代表性年龄劳动力的学历分布情况倒推出他们分别处于小学、中学、高中和大学受教育阶段的教育经费投入，还原出培养现有某一年龄学历层次的劳动力所花费的教育成本支出总额，以此克服教育投资与现实劳动力人力资本形成的不同步问题。此外，从业人员客观上需要医疗卫生和保健支出来维持生命的健康、需要自我学习来更新自身的知识架构、需要娱乐调剂来保持精神的充沛。诸如这些支出对人力资本载体起到维系和保持的作用，可以看成保证劳动者生产能力不下降的维护成本。因此，在教育成本之外，还应当加入当年从业人员的医疗保健以及文教娱乐支出总额。以上述三块投资支出之和作为权重，对各学历层次的从业人员数进行加权求和，可估算出全国人力资本存量。其计算公式如式（5-2）所示：

$$
\begin{aligned}
H_t = & \sum_j L_{t1j} \cdot \Big(\sum_{s=j-22}^{j-24} REMT_{t-s,i} + \sum_{s=j-18}^{j-21} REUT_{t-s,i} + \sum_{s=j-15}^{j-17} REST_{t-s,i} \\
& + \sum_{s=j-12}^{j-14} REJT_{t-s,i} + \sum_{s=j-6}^{j-11} REPT_{t-s,i} + RHCE_t + RCEE_t \Big) \\
& + \sum_j L_{t2j} \cdot \Big(\sum_{s=j-18}^{j-21} REUT_{t-s,i} + \sum_{s=j-15}^{j-17} REST_{t-s,i} + \sum_{s=j-12}^{j-14} REJT_{t-s,i} \\
& + \sum_{s=j-6}^{j-11} REPT_{t-s,i} + RHCE_t + RCEE_t \Big) \\
& + \sum_j L_{t3j} \cdot \Big(\sum_{s=j-15}^{j-17} REST_{t-s,i} + \sum_{s=j-12}^{j-14} REJT_{t-s,i} + \sum_{s=j-6}^{j-11} REPT_{t-s,i} \\
& + RHCE_t + RCEE_t \Big)
\end{aligned}
$$

$$+\sum_{j} L_{t4j}\cdot(\sum_{s=j-12}^{j-14} REJT_{t-s,i}+\sum_{s=j-6}^{j-11} REPT_{t-s,i}+RHCE_{t}+RCEE_{t})$$
$$+\sum_{j} L_{t5j}\cdot(\sum_{s=j-6}^{j-11} REPT_{t-s,i}+RHCE_{t}+RCEE_{t})$$
$$+\sum_{j} L_{t6j}\cdot(RHCE_{t}+RCEE_{t}) \tag{5-2}$$

其中，H_t 表示第 t 年的人力资本存量，L_{tij}表示第 t 年处于 j 年龄 i 学历层次的劳动力或从业人员数，$i=1$，…，6 分别表示研究生、大学、高中、初中、小学、未上学 6 个学历层次，$REMT_t$、$REUT_t$、$REST_t$、$REJT_t$、$REPT_t$、$RHCE_t$、$RCEE_t$ 分别表示第 t 年剔除价格因素的以不变价表示的研究生生均教育经费、大学生生均教育经费、高中生生均教育经费、初中生生均教育经费、小学生均教育经费、人均医疗保健支出、人均文教娱乐支出。因为人均医疗保健和文教娱乐支出并未区分劳动力人口的学历层次差异，那么可以将式（5－2）变形为式（5－3），从而使得计算公式更为简练。

$$H_{t}=\sum_{j} L_{t1j}\cdot(\sum_{s=j-22}^{j-24} REMT_{t-s,i}+\sum_{s=j-18}^{j-21} REUT_{t-s,i}+\sum_{s=j-15}^{j-17} REST_{t-s,i}+\sum_{s=j-12}^{j-14} REJT_{t-s,i}+\sum_{s=j-6}^{j-11} REPT_{t-s,i})$$
$$+\sum_{j} L_{t2j}\cdot(\sum_{s=j-18}^{j-21} REUT_{t-s,i}+\sum_{s=j-15}^{j-17} REST_{t-s,i}+\sum_{s=j-12}^{j-14} REJT_{t-s,i}+\sum_{s=j-6}^{j-11} REPT_{t-s,i})$$
$$+\sum_{j} L_{t3j}\cdot(\sum_{s=j-15}^{j-17} REST_{t-s,i}+\sum_{s=j-12}^{j-14} REJT_{t-s,i}+\sum_{s=j-6}^{j-11} REPT_{t-s,i})$$
$$+\sum_{j} L_{t4j}\cdot(\sum_{s=j-12}^{j-14} REJT_{t-s,i}+\sum_{s=j-6}^{j-11} REPT_{t-s,i})+\sum_{j} L_{t5j}\cdot(\sum_{s=j-6}^{j-11} REPT_{t-s,i})$$
$$+L_{t}\cdot(RHCE_{t})+L_{t}\cdot(RCEE_{t}) \tag{5-3}$$

式（5－3）中前5个计算分式之和表示以教育成本加权估算的人力资本存量部分，$L_t\cdot(RHCE_t)$、$L_t\cdot(RCEE_t)$ 分别表示以医疗保健支出、文教娱乐支出加权估算的人力资本存量部分，三者之和便构成总的人力资本存量。

5.2.4　数据来源及处理

估算教育成本需要历年的全国就业人员数、按年龄分类的全国就业人员的受教育程度构成情况、历年各级各类学生的生均教育经费支出数据。历年的全国从业人员总数、城镇从业人员数、农村从业人员数均来自 2016 年《中国统计年鉴》(见附录中的附表 3)。根据《中国劳动统计年鉴》中发布的“按受教育程度、性别分的全国就业人员年龄构成”与“按年龄、性别分的全国就业人员受教育程度构成”数据，可以计算出历年从业人员不同年龄层的学历分布情况。然而，《中国劳动统计年鉴》1998 年才开始编撰，除 2000 年外，1997 ~ 1999 年以及 2001 ~ 2013 年的从业人员的学历分布均可以获取，但 1997 年之前只能获得 1982 年、1990 年、1993 年、1994 年的“全国 6 岁及 6 岁以上人口按年龄分组的文化程度”分布情况，相关数据来自于 1986 年《中国人口年鉴》、1992 年《中国人口统计年鉴》、1994 ~ 1995 年《中国人口统计年鉴》。值得注意的是，全国 6 岁及 6 岁以上人口并不等于从业人员人口数。按照我国的实际，14 ~ 65 岁才处于劳动适龄阶段，假定 14 岁以上人口的文化程度分布与就业人员的学历分布一致，于是可以使用全国 14 岁以上人口的各种文化程度的分布情况来替代就业人员的学历分布，这种假定会导致一定的偏差，且 1982 年、2000 年属于普查年份，其余属于抽样调查年份，基础数据来源方式的不同也会降低数据的可比性。

根据历年按年龄分的全国就业人员的受教育程度构成、按受教育程度分的全国就业人员年龄构成以及全国就业人员数，可求得历年不同年龄阶段不同学历的就业人员数①。其中：2013 年的分布情况见表 5 - 3，其余年份类似，具体详见附录中的附表 4。

表 5 - 3　　2013 年各年龄组别全国就业人员的学历分布一览表　　单位：人

年龄阶段	未上过学	小学	初中	高中	大学专科	大学本科	研究生
16 ~ 19 岁	46186	785165	10407290	3725687	400280	46186	0
20 ~ 24 岁	217075	2387827	34876739	19536763	10636682	4630936	72358
25 ~ 29 岁	178587	3928906	40092701	19376650	14108345	10715198	892933
30 ~ 34 岁	378727	6154311	45257857	19220387	12308622	10130943	1325544
35 ~ 39 岁	351015	9214147	46158488	16409957	8950886	5967257	702030
40 ~ 44 岁	802870	16745577	65032479	18236621	8143397	5276004	458783

① 需要说明的是，目前中国经济与社会发展统计数据库和中国年鉴数据库中尚未收录《中国教育经费统计年鉴 2015》和《中国教育经费统计年鉴 2016》，因此，笔者尚未收集到 2014 和 2015 年的相关数据，在后续人力资本估算时只截至 2013 年底。

续表

年龄阶段	未上过学	小学	初中	高中	大学专科	大学本科	研究生
45～49岁	1109239	20067134	55865288	14722621	5546193	3226876	302520
50～54岁	1163892	15195260	30843144	12026886	3491677	1810499	129321
55～59岁	2607981	24657273	23294010	6164318	1778169	711267	59272
60～64岁	3140662	22926830	11424157	1374039	274808	117775	0
65+	4784890	20206463	6304416	840589	96991	64661	0

1995～2013年各级各类学生的生均教育经费支出来源于历年《中国教育经费统计年鉴》。1952～1980年大学生、中学生和小学生的平均开支经费数来源于《中国教育统计年鉴：1949～1981》，但是1953～1956年、1958～1961年、1963～1964年以及1966～1972年间数据缺失。1981～1990年的小、中、大学生生均预算内教育事业费支出数据来源于《中国教育经费基本数据分析1978～1990》。1991年的数据来源于《中国教育统计年鉴1992》，1993～1994年数据摘自于国家教委、国家统计局联合发布的历年《全国教育经费执行情况统计公告》，1992年数据由1993年增长率倒推而来。需指出的是，1995年之前采用了小学、中学和大学三级的生均预算内经费支出；1995年及之后采用的计算口径包含了小学、初中、高中和大学四级的生均教育经费支出。尽管生均预算内经费支出与生均教育经费支出范围不同，但是在1995年之前这种误差并不大，因为各级各类学生经费支出大都是国家财政买单，尤其是20世纪80年代中期之前，高等学校都实行公费培养模式，直至1989年才开始收费。按照党中央、国务院《中国教育改革和发展纲要》及其实施意见的要求①，从1994年起改为缴费上学，即由学生分担部分培养成本，这也意味着1994年之后生均预算内经费支出和生均教育经费支出的差异才会越来越大。当然，对不同时间跨度的支出先以2000年为基期，使用CPI消费价格指数进行平减后获得历年的实际生均经费支出，然后对中间缺失年份的数据利用Matlab进行插值。为使曲线保持平滑，选择了cubic插值法，相应估计结果见表5-4。

① 摘自于《李岚清教育访谈录》，http://edu.sina.com.cn/1/2003-12-12/57897.html。

表 5-4　1952～2013 年各级各类生均教育经费支出（2000 年不变价）　　单位：元

年份	小学生	中学生	大学生	年份	小学生	中学生	大学生
1952	40.29	601.58	4519.48	1966	89.79	393.84	4961.00
1953	50.85	557.30	4638.20	1967	88.09	370.48	6028.50
1954	60.55	516.07	4710.20	1968	85.63	337.44	7245.60
1955	68.53	478.52	4747.20	1969	82.70	299.58	8497.90
1956	73.95	445.29	4760.80	1970	79.60	261.71	9671.10
1957	75.94	417.03	4762.74	1971	76.62	228.67	10651.00
1958	75.93	390.50	4539.50	1972	74.08	205.31	11322.00
1959	75.91	364.21	4007.30	1973	72.27	196.45	11571.63
1960	75.88	341.40	3372.00	1974	71.18	205.80	8864.19
1961	75.86	325.33	2839.80	1975	67.07	192.28	7056.35
1962	75.85	319.25	2616.57	1976	64.80	163.55	6699.94
1963	79.63	340.89	2875.30	1977	66.46	143.94	7207.48
1964	86.65	381.07	3476.40	1978	71.78	172.86	8006.35
1965	90.43	402.70	4157.42	1979	77.72	195.20	7432.23

年份	小学生	初中生	高中生	大学生	年份	小学生	初中生	高中生	大学生
1980	91.9	238.4		6944.7	1997	327.8	580.8	1134.6	6405.7
1981	100.6	270.7		6779.2	1998	367.1	604.5	1235.7	6707.1
1982	117.5	326.1		7287.0	1999	416.4	642.2	1274.4	7230.0
1983	126.4	360.6		8121.7	2000	491.6	679.8	1315.0	7309.6
1984	141.2	390.9		8067.4	2001	640.8	811.3	1460.9	6768.9
1985	155.6	423.9		8202.2	2002	814.0	961.5	1566.9	6184.5
1986	149.2	419.8		7972.1	2003	921.5	1040.6	1589.2	5710.2
1987	173.9	408.6		7064.6	2004	1075.0	1186.3	1674.3	5286.3
1988	187.8	434.2		6366.2	2005	1241.3	1401.2	1832.3	5027.7
1989	188.1	434.1		5854.0	2006	1505.1	1747.5	2064.8	5407.3
1990	216.5	497.2		6219.3	2007	1940.4	2355.8	2328.6	5755.3
1991	223.0	494.4		6714.8	2008	2289.4	2941.7	2664.0	6291.2
1992	253.3	548.5		7265.8	2009	2807.5	3621.5	3141.6	7142.0
1993	258.7	578.7		6517.8	2010	3247.6	4219.9	3649.8	7761.6
1994	302.2	658.1		6462.3	2011	3813.4	5023.5	4607.1	10656.5
1995	290.6	538.0	1077.2	5949.9	2012	5413.8	7309.1	8617.6	19025.0
1996	305.4	554.5	1098.4	6013.4	2013	6132.7	8360.8	9417.1	19029.3

5.3　估算过程与结果

5.3.1　教育加权型人力资本估算过程及结果

利用式（5－3）的计算公式，可以估算出某学历劳动者代表年龄的教育成本额。比如：某劳动者如果是未上过学者，其教育培养成本为0；37岁的劳动者如果是大学学历的话，则可以推断出31年前开始读小学，之后一直到15年前大学毕业，其教育培养成本就是31年前开始向后递推6年的小学费用支出，再向后递推6年的中学费用支出以及向后递延的4年的大学费用支出；如果52岁的劳动者是高中学历的话，其在46年前开始读小学，之后一直到高中毕业，其教育培养成本就是46年前向后递推6年的小学费用支出以及递推6年的中学费用支出。

由于数据可得性限制，在计算过程中做出了如下假定：一是1952年之前的各级各类生均教育支出统一归并为1952年的相应费用支出，这种替代主要有两个考虑：一方面是无法准确获得1952年前的数据，另一方面是新中国成立初期的生均经费基数小，使用1952年的成本数据替代偏差不大。二是部分中专学历的从业人员的生均培养成本用生均高中教育经费支出替代。三是假定18岁的大学学历从业人员教育成本的计算过程。18岁劳动者如果按照正常的培养过程是不可能获得大学学历的，其学历的取得应当是中间有过跳级，根据现有统计数据无法进行推断，究竟发生在哪个环节，不妨假定该群体依然是遵循我国学制要求，小学6年，初中3年，高中3年，大学教育成本就按照就业当年的生均大学生教育经费的四倍计算。比如：2011年18岁大学学历劳动力的教育成本＝2011年的生均大学生教育经费×4＋小学教育成本＋初中教育成本＋高中教育成本。该方法可能会造成人力资本的高估，但是正如表5－5所示，18岁组别（16～19岁）的从业人员中大专及以上学历人口占比极低，2001～2013年平均占比只有0.0363%，加之其中间跳级也意味着付出的培养成本可能高于常人，由此可以推断，这种计算的偏误不大。

表 5 - 5　　16 ~ 19 岁拥有专科及以上学历的就业人员比例

年份	比例（%）	年份	比例（%）
2001	0.0324	2008	0.0315
2002	0.0245	2009	0.0352
2003	0.0192	2010	0.0427
2004	0.0225	2011	0.0643
2005	0.0220	2012	0.0640
2006	0.0258	2013	0.0580
2007	0.0296	2001 ~ 2013	0.0363

结合表 5 - 3 的实际各级生均教育经费，通过递推可以计算出不同年龄阶段，代表性年龄就业人员的不同学历的教育成本，其估算结果如表 5 - 6 所示。

表 5 - 6　　历年不同年龄组别以教育成本加权的人力资本存量（2000 年价）单位：亿元

年份＼年龄	16 ~ 19 岁（18）	20 ~ 24 岁（22）	25 ~ 29 岁（27）	30 ~ 34 岁（32）	35 ~ 39 岁（37）	40 ~ 44 岁（42）	45 ~ 49 岁（47）	50 ~ 54 岁（52）	55 ~ 59 岁（57）	60 ~ 64 岁（62）	65 + 岁（65）	教育型人力资本存量
1982	689	514	718	478	285	309	244	141	85	104		3599
1990	1304	1798	1430	1005	1115	604	381	411	247	142	142	8580
1993	1190	1917	1957	1488	1436	1306	603	483	548	326	305	11558
1994	702	1599	1539	1230	1018	1066	524	352	374	224	207	8835
1997	1033	2460	3094	2818	1540	1892	1302	568	401	145	74	15327
1998	1204	2564	3109	2633	1754	1795	1467	640	341	149	69	15725
1999	1445	2998	3416	2773	2148	1705	1744	748	334	142	79	17531
2000	5651	4968	3110	2458	1953	1257	1454	696	385	408	450	22789
2001	1943	4305	4071	3469	3103	1717	2095	972	340	140	83	22238
2002	1867	5134	4265	3844	3411	1829	2099	1127	386	157	97	24217
2003	2012	5919	4843	4303	3787	2360	2065	1419	442	138	92	27378

续表

年龄 / 年份	16~19岁(18)	20~24岁(22)	25~29岁(27)	30~34岁(32)	35~39岁(37)	40~44岁(42)	45~49岁(47)	50~54岁(52)	55~59岁(57)	60~64岁(62)	65+岁(65)	教育型人力资本存量
2004	2142	6642	5707	4695	3776	2808	1901	1703	539	133	78	30123
2005	2342	6551	6389	4358	3576	2935	1740	1789	578	156	101	30516
2006	2687	6802	7257	4274	3531	3190	1663	1782	676	186	131	32179
2007	2707	7218	8832	4405	3758	3210	1653	1750	771	209	131	34643
2008	2957	8763	10011	4798	3831	3083	1959	1593	928	216	143	38283
2009	3040	9757	10617	5528	4260	3330	2355	1566	1234	276	157	42120
2010	3604	14515	15777	8783	5043	3749	2811	1443	1215	246	144	57330
2011	3609	19446	19615	13267	6129	4472	3431	1449	1338	314	179	73249
2012	3574	19813	20516	17279	6463	4924	3639	1662	1336	425	208	79838
2013	4206	21278	23239	19697	7258	5271	3631	2002	1277	459	237	88555

表5-6中显示可直接计算教育成本加权型人力资本的年份有1982年、1990年、1993年、1994年、1997~2013年，其余缺失年份1983~1989年、1991~1992年、1995~1996年的人力资本存量通过Matlab软件插值得到。针对一维数据该软件提供了四种插值方法：最邻近点插值（nearest）、线性插值（linear）、三次样条插值（spline）及立方插值（cubic）。nearest是选取与插值点最邻近已知点的函数值，其误差最大，光滑度最差。linear插值是连接其最邻近两侧点的线性函数预测，其插值函数具有连续性，但在已知数据点处的斜率一般不会改变，光滑度也较差。spline是用分段低次多项式去逼近函数，最常用的是三次样条，要求插值函数是在每个子区间都有二阶连续导数，该方法在相邻的节点上并不保证单调性，但光滑度最好。cubic采用分段三次hermite插值，与spline提供的函数构建完全相同，只是节点处函数斜率的选择方法不同，cubic要求插值函数一阶导数连续，对二阶导数不作要求，故cubic可能会出现不连续的曲率，从而较好地维持了数据的形状并保证了插值的局部单调性，光滑度仅次于spline。如果数据是光滑的，采用spline方法更加精确；如果数据不是足够光滑，采用cubic会更优。鉴于此，本书选择cubic方法对缺失数据进行插值，结果如表5-7所示。

表 5-7　缺失年份插值后的教育成本加权型人力资本存量（2000 年价）

年份	教育型人力资本存量（亿元）	年份	教育型人力资本存量（亿元）	年份	教育型人力资本存量（亿元）
1978	3020.8	1990	8579.7	2002	24217
1979	2994.7	1991	9704.2	2003	27378
1980	3088.5	1992	10962	2004	30123
1981	3293	1993	11558	2005	30516
1982	3598.8	1994	8835.5	2006	32179
1983	3996.7	1995	10384	2007	34643
1984	4477.3	1996	13376	2008	38283
1985	5031.5	1997	15327	2009	42120
1986	5649.8	1998	15725	2010	57330
1987	6323.1	1999	17531	2011	73249
1988	7042	2000	22789	2012	79838
1989	7797.3	2001	22238	2013	88555

5.3.2　医疗保健和文教娱乐加权型人力资本存量估算及结果

城镇和农村居民在医疗和文教娱乐支出方面存在差异，因此在计算过程中应当进行区分。查阅相关数据会发现，城乡居民的消费支出统计口径发生过变化。

城镇居民的人均文教娱乐和医疗保健支出 1978～1980 年数据缺失。1981～1991 年之间城镇居民人均全年生活费支出口径为两部分：购买商品支出（包括食品、衣着、日用品、文娱用品、书报杂志、药及医疗用品、房屋及建筑材料、燃料、其他商品）及非商品性支付（包括房租、水电费、学杂费、保育费、交通费、邮电费、文娱费、医疗保健费、煤气费、修理费、其他非商品性支付）两类。本书将其中的文娱用品、书报杂志、学杂费、保育费、文化娱乐费加总得到人均文教娱乐支出总和；将药及医疗用品、医疗保健费相加得到人均医疗保健支出总和。1992 年及之后采用了新的统计口径：食品、衣着、家庭设备用品及服务、医疗保健、交通通讯、娱乐教育文化服务、居住、杂项商品，于是，可以直接使用医疗保健和娱乐教育文化服务来表征相应变量。其中：1981～2008 年的数据来源于历年《中国统计年鉴》，2009～2013 年数据来源于国家统计局网站公布的年度数据库。不排除统计口径的差异会带来一些前后时期的误差，但是只能根据公开取得的实际数据来进行推算，且改革开放初期的这种基础数据的偏误较小。

农村居民的人均文教娱乐和医疗保健支出1978～1979年数据缺失。农村人均消费支出的统计口径在1992年发生了变化，1992年及之前将消费支出分为：用品及其他里面（包含日用品、文化娱乐用品、书报杂志、医疗卫生用品、其他）以及非商品支付（包括生活服务和文化服务），1993年之后采用了和城镇居民消费支出相同的统计口径。与城镇居民人均消费处理类似，可以按照内容将各类明细项目进行归集，但是这种处理带来的误差无法规避。因此，本书还是直接使用了国家统计局网站年度数据库中披露的1980～2013年农村居民人均文教娱乐消费支出和医疗保健支出的相关数据。

选择2000年为基期，本书分别采用城镇居民消费价格指数和农村居民消费价格指数对相应的人均文娱和医疗保健支出进行平减，将上述数据转化成不变价，从而得到实际的人均文娱和医疗保健支出，也保持了与教育培养成本平减的一致性。这里需要指出的是：1994年《中国统计年鉴》中才开始公布城镇居民消费价格总指数和农村居民消费价格总指数，以及城镇与农村零售商品分类价格指数，即文化娱乐及医疗用品等价格指数可以获得。也就是说：1993年及之后才开始编制居民消费价格指数；1992年及之前编制和公布的是居民生活费用价格总指数，对比1951～1992年期间的职工生活费用总数和城镇生活费用价格指数，会发现这两组数据一模一样，这样可以获得1951～2013年的城镇消费价格指数；但是农村居民消费价格指数自1985年才开始编制和发布，1978～1984年间的农村居民消费价格指数可以使用城镇居民消费价格指数的数据来替代。所有数据来源于历年《中国统计年鉴》。

对于缺失的城镇和农村居民的人均文娱及医疗保健支出直接使用Matlab进行插值。表5－8列示了各类支出插值后的结果。其中：城镇居民实际人均文娱支出数额相对较大，对缺失数据采用了cubic插值法，这样会使曲线更为平滑；对于城镇居民人均医疗支出、农村居民的人均文娱和医疗保健支出全部使用了linear插值法，这样处理主要是因为1978～1980年的这些支出基数本身就很小，采用 cubic 方法可能会引致负插值，而且插值年份只有两到三年，所以插值方法变更引发的误差并不会太大。

表 5-8　城镇和农村人均文娱和医疗保健支出 Matlab 缺失数据插值（2000 年价）

单位：元

年份	农村居民人均文娱支出	农村居民人均医疗保健支出	城镇居民人均文娱支出	城镇居民人均医疗保健支出
1978	19.96	7.70	101.72	10.90
1979	25.95	10.39	184.52	11.17
1980	31.94	13.08	191.65	11.45
1981	37.93	15.77	163.62	11.72
1982	27.63	17.31	140.98	12.00
1983	20.58	15.89	137.22	12.74
1984	28.82	17.57	157.41	13.36
1985	38.94	24.18	253.57	22.16
1986	42.62	25.75	254.89	25.09
1987	51.54	29.81	228.99	27.06
1988	60.95	31.78	256.66	31.83
1989	60.85	32.61	249.37	34.74
1990	59.72	36.14	252.23	42.19
1991	67.67	41.46	263.04	50.99
1992	77.79	42.98	277.33	78.07
1993	91.23	42.49	314.29	92.16
1994	95.09	40.64	324.93	107.41
1995	110.34	45.80	346.92	122.16
1996	132.33	58.23	382.33	146.10
1997	144.38	60.89	443.45	177.70
1998	156.85	67.01	496.89	204.13
1999	168.14	69.93	571.61	247.56
2000	186.70	87.60	627.82	318.07
2001	191.08	95.84	685.26	340.92
2002	209.50	103.50	905.13	431.44
2003	231.14	113.56	928.92	473.20
2004	231.66	122.19	994.01	508.31
2005	270.52	153.89	1039.65	569.20

续表

年份	农村居民人均文娱支出	农村居民人均医疗保健支出	城镇居民人均文娱支出	城镇居民人均医疗保健支出
2006	275.21	172.74	1122.92	579.22
2007	261.62	179.89	1187.18	624.41
2008	252.76	197.71	1148.80	664.96
2009	274.58	231.77	1257.05	730.95
2010	285.36	253.69	1346.02	720.98
2011	291.57	321.28	1454.38	761.08
2012	319.67	368.68	1555.14	813.48
2013	339.23	428.72	1709.92	833.57

将附表3中历年城镇和农村就业人口数和表5－8中的历年城镇和农村的人均文娱支出和人均医疗保健支出相乘，便可以获得历年从业人口的文娱和医疗保健支出总额。基于式（5－3），加入前文估算的教育成本加权型人力资本存量，可以推算出权数中加入文娱支出和医疗保健支出的人力资本存量总额，具体结果见表5－9。

表5－9　权数中加入文娱和医疗保健支出的人力资本存量（2000年价） 单位：亿元

年份	教育成本加权型	文娱支出加权型	医保支出加权型	教育和文娱加权型	教育和医保加权型	教育、文娱和医保加权型
1978	3020.8	157.92	33.98	3178.72	3054.78	3212.7
1979	2994.7	265.01	43.42	3259.71	3038.12	3303.13
1980	3088.5	303.39	53.71	3391.89	3142.21	3445.6
1981	3293	304.79	64.49	3597.79	3357.49	3662.28
1982	3598.8	254.67	72.34	3853.47	3671.14	3925.81
1983	3996.7	232.58	70.08	4229.28	4066.78	4299.36
1984	4477.3	296.15	79.54	4773.45	4556.84	4852.99
1985	5031.5	469.09	118.00	5500.59	5149.5	5618.59
1986	5649.8	500.71	131.17	6150.51	5780.97	6281.68
1987	6323.1	516.64	153.57	6839.74	6476.67	6993.31
1988	7042	610.38	172.75	7652.38	7214.75	7825.13
1989	7797.3	607.96	183.51	8405.26	7980.81	8588.77
1990	8579.7	714.74	244.28	9294.44	8823.98	9538.72

续表

年份	教育成本加权型	文娱支出加权型	医保支出加权型	教育和文娱加权型	教育和医保加权型	教育、文娱和医保加权型
1991	9704.2	784.39	288.16	10488.59	9992.36	10776.75
1992	10962	870.99	347.00	11832.99	11309	12179.99
1993	11558	1016.86	374.58	12574.86	11932.58	12949.44
1994	8835.5	1070.12	398.70	9905.62	9234.2	10304.32
1995	10384	1201.49	457.10	11585.49	10841.1	12042.59
1996	13376	1410.47	576.53	14786.47	13952.53	15363
1997	15327	1629.57	667.89	16956.57	15994.89	17624.46
1998	15725	1842.98	769.75	17567.98	16494.75	18337.73
1999	17531	2104.67	897.39	19635.67	18428.39	20533.06
2000	22789	2367.06	1165.03	25156.06	23954.03	26321.09
2001	22238	2583.10	1288.88	24821.1	23526.88	26109.98
2002	24217	3285.35	1583.53	27502.35	25800.53	29085.88
2003	27378	3534.60	1780.67	30912.60	29158.67	32693.27
2004	30123	3801.09	1961.30	33924.09	32084.30	35885.39
2005	30516	4202.82	2327.76	34718.82	32843.76	37046.58
2006	32179	4575.25	2499.57	36754.25	34678.57	39253.82
2007	34643	4835.44	2730.89	39478.44	37373.89	42209.33
2008	38283	4786.50	2993.96	43069.50	41276.96	46063.46
2009	42120	5355.86	3420.83	47475.86	45540.83	50896.69
2010	57330	5850.87	3551.59	63180.87	60881.59	66732.46
2011	73249	6404.29	4034.74	79653.29	77283.74	83688.03
2012	79838	7035.85	4478.20	86873.73	84316.08	91351.93
2013	88555	7852.80	4848.28	96407.35	93402.83	101255.63

针对上述估算结果，有两点需要特殊说明：（1）1994 年的人力资本存量大幅下降至 10304.32 亿元，比 1993 年低 2625.12 亿元。造成这一结果的原因是 1994 年抽样人群学历层次的整体性下降。1994 年抽样调查就业人员中初中及以上学历的就业人员占比下降了 7.69 个百分点，而未上过学或上过小学的就业人员占比却提高了 7.69 个百分点。学历层次越高，人力资本存量就越大；学历层次越低，人力资本存量就越小。高学历人群占比的下降以及低学历人群占比的上升，直接拉低了 1994 年的人力资本存量。（2）2010 年和 2011 年的

人力资本存量增速最快。2010 年人力资本存量增长率高达 31.11%，达到 66732.46 亿元，2011 年增长率为 25.41%，大增到 83688.03 亿元。造成该结果的原因是抽样人群学历层次的整体性提升越来越明显。与 2009 年相比，2010 年抽样调查人群中初中及以上学历的就业人员占比提高了 3.63 个百分点，而未上过学或上过小学的就业人员占比却下降了 3.63 个百分点。与 2010 年相比，2011 年抽样人群中高中及以上学历的就业人员占比上涨 5.80 个百分点，而未上过学、小学以及初中学历的就业人员占比下降 5.80 个百分点。整体而言，2011 年抽样人群中学历层次提升的幅度高于 2010 年，只是由于 2010 年人力资本存量基数的扩大使得 2011 年的增长率低于 2010 年。

5.4　中国人力资本存量水平的评价

5.4.1　与其他学者估算结果的比较

将其他学者估算的人力资本存量结果以居民消费价格指数进行平减全部转化为 2000 年不变价进行比较（表 5－10）。

表 5－10　各位学者代表性年份人力资本存量结果的比较（2000 年价）　单位：亿元

<table>
<tr><th colspan="2" rowspan="2">学者</th><th rowspan="2">基期年份</th><th colspan="3">不同基期的人力资本存量</th><th colspan="3">2000 年价人力资本存量</th></tr>
<tr><th>1978 年</th><th>1995 年</th><th>2000 年</th><th>1978 年</th><th>1995 年</th><th>2000 年</th></tr>
<tr><td rowspan="8">投入成本法</td><td>沈利生</td><td>1990</td><td></td><td>13065.28</td><td></td><td></td><td>26194.91</td><td></td></tr>
<tr><td>张帆</td><td>1995</td><td>5492.1</td><td>21951.4</td><td></td><td>6004.58</td><td>23999.72</td><td></td></tr>
<tr><td>孙景蔚</td><td>1990</td><td></td><td>12296.61</td><td>31684.81</td><td></td><td>24653.78</td><td>63525.67</td></tr>
<tr><td>侯风云</td><td>当年价</td><td>2090.45</td><td>16325.12</td><td>32052.80</td><td>9076.99</td><td>17848.44</td><td>32052.80</td></tr>
<tr><td>钱雪亚</td><td>1978</td><td>2090.45</td><td></td><td>32052.79</td><td>9076.99</td><td></td><td>139177.1</td></tr>
<tr><td>焦斌龙</td><td>1978</td><td>1335.36</td><td></td><td>19632.4</td><td>5798.31</td><td></td><td>85246.28</td></tr>
<tr><td>柏培文</td><td>1978</td><td></td><td>2847.1</td><td>7205.8</td><td></td><td>12362.46</td><td>31288.46</td></tr>
<tr><td>本文结果</td><td>2000</td><td></td><td></td><td></td><td>3212.7</td><td>12042.59</td><td>26321.09</td></tr>
</table>

续表

学者		基期年份	不同基期的人力资本存量			2000年价人力资本存量		
			1978年	1995年	2000年	1978年	1995年	2000年
未来收益法	王德劲	1990			464035.3			930356
	柏培文	1978		43335.30	73551.89		188167.2	319371.3
	李海峥	1985		446000	698100		1476860	2311651

本书估算2000年的人力资本存量为26321.09亿元，与柏培文（2012）的31288.46亿元最为接近。和其他文献相比，本书估算的人力资本存量相对较小，但是这种结果也在情理之中。一是由于选择的人力资本估算方法和成本投入范围不同带来的差异。基于未来收益估算的人力资本存量远远大于投入成本角度估算的结果，如未来收益法中柏培文（2012）的估算结果最小，但仍是投入成本法中估算结果最大值139177.1亿元的2.29倍。即使都使用投入成本法基础上，各学者测算时纳入人力资本成本投入范围的内容本身也不同，如张帆（2000）测算的狭义人力资本包含教育投资和健康投资；侯风云等（2005）估算的人力资本中包含公共和私人文教卫生事业费投入、科学研究费用支出、各项投资的机会成本、接受教育时间的机会成本等。本文则是考虑了从业人员的直接教育成本、医疗保健和文教娱乐支出。二是由于本书估算时考虑了教育投资转化为人力资本时存在着较长时间的时滞，通过倒推还原劳动力或从业人员的历史教育成本。例如，某年初的教育投资要投入到全部在校学习的学生身上，到年末时，只有当年毕业的学生进入劳动力大军，其当年教育投资形成当年新增的人力资本，而非毕业班学生的当年教育投资则需要数年后才形成人力资本。若未考虑教育投资形成人力资本的时滞，直接用当年的生均教育经费支出进行估算，且生均教育支出又呈逐年增长之势，估算结果偏高几乎是肯定的。同时，本文还将医疗保健和文教娱乐支出总额的估算主体限定为当年从业者，而不是所有人口，这与其他学者直接使用当年全国卫生保健和文教娱乐支出总额的处理方式相比，估算结果自然要小些，但也更为合理些。

5.4.2 中国人力资本存量的变化特征

图5-1显示了1978~2013年人力资本存量的变化情况。从总量上看，全

国人力资本存量1978年仅为3212.7亿元，到2013年已经达到101255.6亿元，35年间增长了31.52倍，年均增长率达到10.36%，比同期全国GDP年均增长率9.8%仍然高出0.56个百分点。从时间变化趋势来看，大致分为四个阶段：第一阶段是1978~1993年这一时段，该阶段人力资本存量增长较为平稳，年均增长率为9.74%；第二阶段是1994~2000年这一时段，该阶段人力资本存量增长呈现剧烈波动的特点，1996年增长率最高达到27.57%，1998年最低仅为4.05%，该时段年均增长率仍高达16.92%；第三阶段是2001~2009年这一时段，该阶段人力资本存量增速明显放缓，年均增长率仅为8.7%；第四阶段是2010~2013年这一时段，该阶段人力资本存量增长快速，年均增长率达到14.91%。

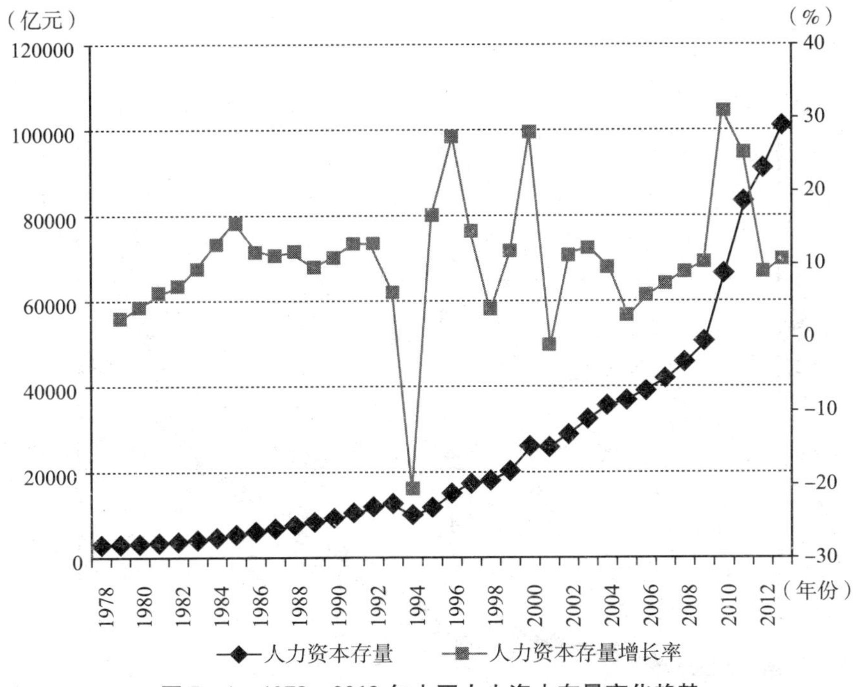

图5-1 1978~2013年中国人力资本存量变化趋势

图5-2显示了1978~2013年劳均人力资本存量的变化情况。1978年我国劳均人力资本存量为800.13元，到2013年已经高达13154.01元，35年间增长了13.69倍，年均增长率为8.33%。与人力资本存量时间变化趋势类似，劳

均人力资本存量按其增长速度的快慢亦可以分为四个时段：1978～1993 年、1994～2000 年、2001～2009 年以及 2010～2013 年，各时段的年均增长率分别为 6.08%、15.63%、8.15%、14.48%。可以发现，1978～1993 年这一时段劳均人力资本存量增长最为缓慢，2000～2009 年这一时段次之，增速最快的依然是 2010～2013 年这一时段。这主要是由各时段的人力资本存量与就业人员增速不同导致。四个时段中，尽管 1978～1993 年这一时段的人力资本存量年均增长率高于 2001～2009 年这一时段，但是 1978～1993 年全国就业人员数增长最快，年均增长率为 3.45%，2001～2009 年仅仅为 0.51%，最终导致 1978～1993 年这一时段劳均人力资本存量增长最为缓慢；1994～2000 年和 2010～2013 年的人力资本存量年均增长率都较高，就业人员的增速却仅为 1.11% 和 0.38%，使得两个时段的劳均资本存量增速也较快。

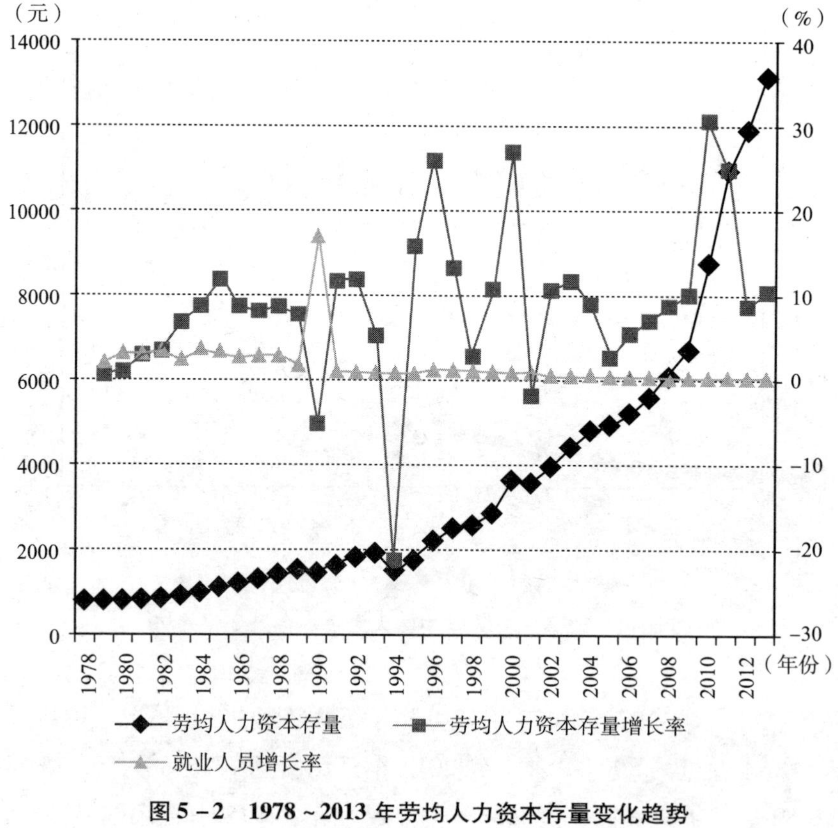

图 5－2　1978～2013 年劳均人力资本存量变化趋势

图5－3显示了1978～2013年产出—人力资本比的变化情况。可以发现：人力资本产出效率变化波动较大，此期间的峰值为1994年达到5.80，最小值为2013年仅为3.44。按其变化趋势的不同，可分为六个阶段。第一阶段是1978～1984年这一时段，产出—人力资本比不断上升，但其增长速度逐渐放缓。该时段我国人力资本存量和GDP的平均增长率分别为7.1%和9.2%，前者比后者低2.1个百分点，但是二者之间的差距却越来越小。第二阶段是1985～1991年这一时段，我国人力资本存量增长率平均高出GDP增长率3.3个百分点，产出—人力资本比出现逆转，开始急剧下降并达到第一个谷底值3.77。第三阶段是1992～1994年这一时段，人力资本存量的增长率快速下降同时GDP却连续三年保持了两位数以上的增长速度，产出—人力资本比快速反转上涨至1994年峰值5.80。第四阶段是1995～2000年这一时段，产出—人力资本比快速下降直至2000年的新谷底3.81。第五阶段是2001～2008年这一时段，产出—人力资本比在经历了4年的微调后稳步上升至2008年的4.90。第五阶段是2009年至今，产出—人力资本比进入快速下降通道，其原因有两个方面：一方面是经济增长速度从连续多年的两位数下降为一位数，而由美国次贷危机引发的全球金融危机对中国经济增长产生了巨大的负面影响；另一方面是由于人力资本积累时滞较长而形成的巨大惯性，使其继续以较快速度增长。两个因素的叠加使人力资本产出效率快速下降。

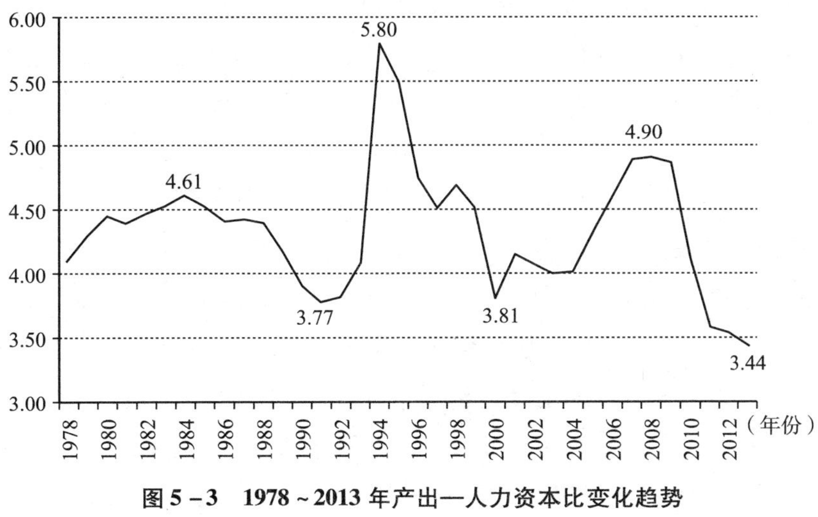

图5－3　1978～2013年产出—人力资本比变化趋势

5.5 本章小结

自舒尔茨和贝克尔提出人力资本理论后，有关人力资本的研究层出不穷。两位大师的观点为后来学者的研究搭建了理解人力资本内涵的基础框架——人力资本是由各种各样的投资形成，只是众多学者关于人力资本投资范畴这一问题出现了分歧。由人力资本内涵可以延伸出人力资本量的测算，也产生了三种思路迥异的人力资本估算方法。如果考虑人力资本形成过程，将人力资本作为投资的产物时，有两种方法来衡量其量的大小：一是将人力资本的价值总量等同于投资的总成本之和，这种思路称为“成本法”。二是将人力资本的价值总量看成由投资带来的预期未来收益之和，这种思路称为“收入法”。如果抛开人力资本形成的这个过程只看结果的话，那可以通过一些反映国家国民素质提高的指标来衡量人力资本存量的变化，这种方法称为“教育成果法”。

本章首先从上述三个层面对相关文献进行了梳理，鉴于中国收入基础数据缺乏的实际，同时为了避开人力资本折旧的争议，选择了成本加权法来估算中国 1978 ~2013 年的人力资本存量。这种处理方式融合了成本法与教育成果法的思想，考虑了不同学历层次人力资本及其投资成本的差异，且通过货币化可以将人力资本与实物及其他资本一起融入到资本框架体系中进行研究。在沈利生等（1999）提出的成本加权法基础上，做出了两点改进：一是将人力资本投资成本范围拓展为直接教育、医疗保健及文教娱乐支出，并以三者成本之和为权重对各学历层次的就业人员进行加权；二是考虑了教育投资时滞，根据历年各代表性年龄劳动力的学历分布情况倒推出他们分别处于小学、中学、高中和大学受教育阶段的教育经费投入，还原出培养现有各年龄不同学历层次的劳动力所花费的教育成本支出总额，反映了人力资本形成存在的时滞。

估算结果表明：（1）人力资本存量增长快速。1978 年仅为 3212.7 亿元，2013 年已经达到 101255.6 亿元，35 年间增长了 31.52 倍，年均增长率达到 10.36%，比同期全国 GDP 年均增长率仍然高出 0.56 个百分点。（2）劳均人力资本存量亦实现了快速增长，但增速略微低于人力资本存量。1978 年仅为

800.13元，到2013年已经高达13154.01元，35年间增长了16.44倍，年均增长率为8.33%，比人力资本存量增长率低2.03个百分点。(3) 人力资本产出效率在1978~2013年波动较大。尤其是2008年金融危机之后，中国人力资本的产出效率急剧下降。

本书在人力资本存量估算过程中，考虑了教育投资时滞，这是一个新的尝试，是对前人相关研究的有益补充。遗憾的是，中国就业人口的学历分布数据是按照年龄组别而非每一岁年龄来公布，因此，选择各组别的代表性年龄人口进行人力资本存量的估算存在一些误差，这也是目前中国基础数据统计条件所限而无法克服的问题。

第6章　中国经济潜在增长率的估计与预测

前面第3章已经证明了在现有生产要素利用率条件下，通过调整使实物资本与人力资本的比例达到最佳比例——两种要素的弹性之比，便可以在不增加任何资源或投入的基础上增加产出，以达到提高经济增长率的目标。当实物资本与人力资本保持最佳比例关系时的产出水平，称为“潜在产出”，是对最大化产出概念的新阐释。在此概念的框架下，第4章和第5章已经分别对我国的实物资本和人力资本重新进行了估算，以期增强这些基础数据的可靠性。本章将基于这些基础数据，从新的视角对中国经济潜在增长率进行重新测算。

6.1　中国经济发展历程的回顾

经济体制改革和对外开放推动了中国经济增长（刘伟等，2011）。图6-1显示了1978~2015年中国经济增长率[①]的变化趋势，可以分为三个阶段。

6.1.1　1978~1993年

该阶段的主要内容在不断摸索中逐步形成建立社会主义市场经济的改革目标。1978年召开的党的十一届三中全会将党和国家的工作重心转移到社会主

① 本书以下分析采用的国家统计局进行系统修正后的数据计算出的增长率，与之前公开发布的GDP增长率数据部分年份会有略微差异。

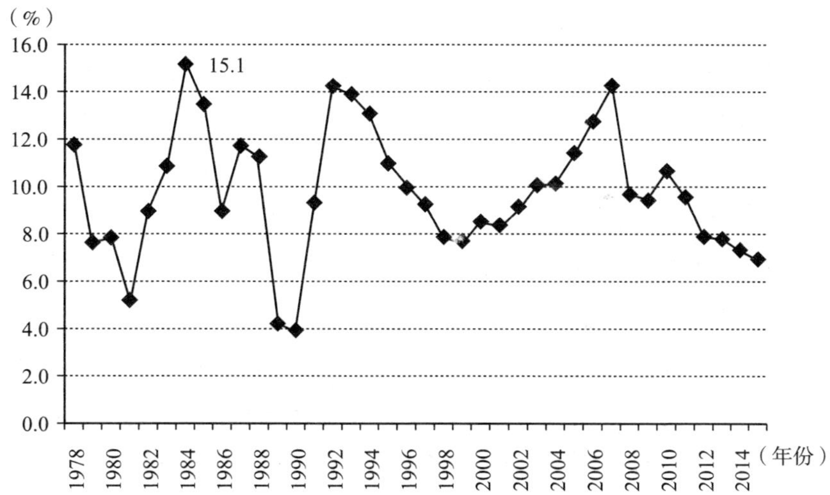

图 6－1　1978～2015 年中国 GDP 增长率

义现代化建设上来，揭开了我国改革开放的序幕。在解放思想、实事求是的思想路线的指引下，开始逐步探索和寻找适合我国经济发展的改革路径和突破口。改革首先从农村开始，逐步向城市推进。农村地区以家庭联产承包责任制、统分结合的双层经营体制为改革突破口，后逐步纵深到流通领域。城市地区通过简政放权、扩大企业自主权试点为突破口来提高国营企业的生产效率，逐步恢复和发展集体经济和个体经济。1984 年 10 月，党的十二届三中全会通过《中共中央关于经济体制改革的决定》，阐明了加快以城市为重点的整个经济体制改革的必要性和紧迫性，明确提出中国经济不是计划经济，而是以公有制为基础的有计划的商品经济，改革的重点逐渐从农村转向城市，以搞活国有企业为中心环节，确立了国有企业改革的目标是使企业真正成为相对独立的经济实体，成为自主经营、自负盈亏的社会主义商品生产者和经营者，具有自我改造和自我发展能力，成为具有一定权利和义务的法人。为此，提出了“两权分离”的改革原则，主要通过承包租赁来实现，即小企业以租赁为主，大中型企业以承包为主。此外，还开展了股份制和税利分流等试点工作，以此促进国有企业政企分开，逐步向市场主体转变。1991 年 9 月中共中央工作会议强调要转换企业经营机制。1992 年 7 月国务院公布了《全民所有制工业企业转换经营机制条例》，明确界定了企业经营权、企业自负盈亏责任、企业和政府的关系、企业和政府的法律责任等内容。1992 年 10 月召开的党的十四大明确了我国经济体制改革的目标是建立社会主义市场经济。此阶段中国的年均经济增长率为 9.7%，经济增长率最高值与最低值的差距高达 11.2%，增长波动较大。

6.1.2 1994 ~ 2009 年

该阶段的主要内容是实质性地推进市场经济体制改革和宏观管理体制的改革，以此促进经济的平稳快速增长。1993 年 11 月举行的党的十四届三中全会通过了《中共中央关于建立社会主义市场经济体制若干问题的决定》，强调建立社会主义市场经济体制，使市场在国家宏观调控下对资源配置起基础性作用；要进一步转换国有企业经营机制，建立适应市场经济要求，产权清晰、权责明确、政企分开、管理科学的现代企业制度；取消少数资料价格双轨制，加速要素价格市场化。1994 年国家经贸委组织实施了“万千百十、转机建制”规划；1995 年开始，选择百户国有企业建立现代企业制度的试点工作，并逐步通过四种形式对其进行了改制或重组。到 2000 年，大多数国有大中型骨干企业初步建立了现代企业制度。国家统计局调查的 2473 家试点企业中，已有 2016 家企业进行了改制，比重高达 81.5%。为了适应市场经济的发展，中国财税金融体制改革也在逐步推进。1992 年中国改革和发展进入新阶段以后，财政体制改革目标已经明确为实行以分税制为基础的分级财政体制，并于 1992 ~ 1993 年先后在辽宁、浙江等地区进行了试点，自 1994 年开始在全国范围内实施。1993 年 12 月，国务院颁布了《国务院关于金融体制改革方案》《国务院关于进一步改革外汇管理体制的通知》，启动了金融体制的改革。1994 年 1 月 1 日人民币官方汇率与外汇调剂价格正式并轨，并行使单一的有管理浮动汇率制度；1994 年 3 月、6 月、7 月开始，分别建立了国家开发银行、农业发展银行、进出口银行三家政策性银行，分离工农中建四家专业银行的政策性业务。1995 年 3 月发布的《中华人民共和国中国人民银行法》，确立了中国人民银行的地位，明确了其独立制定和执行货币政策的职责，建立和完善中央银行的宏观调控体系。随后，相继发布《中华人民共和国商业银行法》

《中华人民共和国保险法》《中华人民共和国票据法》《中华人民共和国担保法》等基本金融法律，为金融机构的公平竞争提供良好的法律环境。因此，1994年是中国经济发生重大转变的分水岭。市场经济体制、财税体制、金融体制的多重改革为中国市场经济的发展注入了新的活力，而宏观经济调控模式的完善则使得中国经济发展更为平稳。此阶段中国的年均经济增长率为9.93%，经济增长率最高值与最低值的差距只有6.5%，波动明显小于第一阶段。

6.1.3 2010~2015年

该阶段的主要特征是后金融危机时代中国宏观经济政策回归中性，经济增速明显放缓。随着美国2007年爆发的次贷危机逐步演化为全球金融危机，发达国家的经济出现不同程度的放缓或衰退。世界经济的不稳定及外需的减弱客观上需要中国经济增长转向内需拉动。为防止中国经济快速滑落，2008年中央迅速出台扩大国内需求的10项措施，包括加大政府投入、提高城乡居民收入、减税和增大金融支持力度，其中：加大政府投入的主要内容就是实施两年4万亿投资计划。尽管2008~2010年采取扩张性的经济政策使得经济短期内全面复苏。然而，中国经济却很难在此之后继续保持高速增长，直接表现为2010年GDP增长率①达到10.4%，之后开始持续下降，2012年、2013年、2014年、2015年分别为7.7%、7.7%、7.4%和6.9%。而这些经济刺激政策带来的直接结果是就是投资效率低下以及社会流动性泛滥，这也加剧了中国未来经济调控的难度，因而，2010年之后的宏观调控政策趋于回归中性。与此同时，中国经济发展中的诸多结构阻力因素慢慢凸显，如劳动力供给增速放缓、部分行业的产能过剩、企业生产经营成本上升及创新能力不足、劳动生产率下降、由地方债务、影子银行、房地产泡沫等可能诱发的潜在金融风险等，都使得中国未来经济的发展雪上加霜。正如2013年中央经济工作会议及《2014年政府工作报告》指出的我国处于“经济增长速度换挡期、结构调整阵

① 此处直接采用国家统计局公布的增长率数据。

痛期和前期刺激政策消化期”三期叠加的阶段，经济下行压力增大。2015 年 11 月，习近平在中央财经领导小组第十一次会议上指出，在适度扩大总需求的同时，加强供给侧结构性改革，着力提高供给体系质量和效率。在随后的 APEC 峰会上表示，要解决世界经济深层次问题，单纯依靠货币刺激政策是不够的，必须下决心在推进经济结构性改革方面做更大努力，使供给体系更适应需求结构的变化。此阶段的经济增速持续下降，中国的年均经济增长率下降为 7.87%，仅采用单一的需求侧管理政策无法有效地解决现实的经济问题，需要加强供给侧结构性改革。

6.2 MRW 基础上生产函数模型的构建

在 MRW 生产函数框架下，函数形式可以适当变形如下：

$$Y = AK^{\alpha} H^{\beta} L^{\gamma} \tag{6-1}$$

其中，Y、K、H 以及 L 分别代表产出、实物资本、人力资本、劳动力人数，假定规模报酬不变，即意味着：$\alpha + \beta + \gamma = 1$，对式（6-1）两边同除以 L，可以得到式（6-2）：

$$Y/L = A\ (K/L)^{\alpha}\ (H/L)^{\beta} \tag{6-2}$$

对式（6-2）两边求对数，可得式（6-3）：

$$\ln(Y/L) = \ln A + \alpha \ln(K/L) + \beta \ln(H/L) \tag{6-3}$$

其中：Y/L、K/L、H/L 分别代表劳均产出、劳均实物资本、劳均人力资本。α 和 β 分别是待估参数，也分别是实物资本和人力资本的产出弹性，在规模报酬假定不变前提下，$1 - \alpha - \beta$ 则体现了劳动力的产出弹性。

在上述基础模型上，还需考虑中国 30 多年来经济发展阶段的变化。结合 6-1 的论述，本书将增加 1994 和 2010 两个年份的虚拟变量，以刻画经济体制变革和经济增长的阶段特点，将模型修正为式（6-4）：

$$\ln(Y/L) = \ln A + \alpha \ln(K/L) + \beta \ln(H/L) + \gamma D1994 + \lambda D2010 \tag{6-4}$$

其中：模型估计所用的数据如表 6-1。

表6-1 MRW生产函数模型估计所需数据（2000年价）①

年份	Y（亿元）	K（亿元）	H（亿元）	L（万人）	$D1994$	$D2010$
1978	13191.28	30379.92	3212.70	40152	0	0
1979	14193.82	32800.73	3303.13	41024	0	0
1980	15301.88	35546.59	3445.60	42361	0	0
1981	16093.36	38072.68	3662.28	43725	0	0
1982	17531.21	40888.56	3925.81	45295	0	0
1983	19430.75	44125.95	4299.36	46436	0	0
1984	22372.41	48243.58	4852.99	48197	0	0
1985	25380.02	53174.96	5618.59	49873	0	0
1986	27648.92	58624.48	6281.68	51282	0	0
1987	30880.78	65016.09	6993.31	52783	0	0
1988	34350.09	71851.09	7825.13	54334	0	0
1989	35787.94	76975.52	8588.77	55329	0	0
1990	37186.21	82156.32	9538.72	64749	0	0
1991	40642.33	87581.91	10776.75	65491	0	0
1992	46420.11	95216.75	12179.99	66152	0	0
1993	52857.45	104929.34	12949.44	66808	0	0
1994	59756.49	116894.93	10304.32	67455	1	0
1995	66299.37	130689.12	12042.59	68065	1	0
1996	72881.81	145622.66	15363.00	68950	1	0
1997	79609.37	160987.35	17624.46	69820	1	0
1998	85848.84	177388.91	18337.73	70637	1	0
1999	92431.29	194640.19	20533.06	71394	1	0
2000	100280.10	213562.09	26321.09	72085	1	0
2001	108643.37	234043.06	26109.98	72797	1	0
2002	118563.21	258613.76	29085.88	73280	1	0
2003	130461.75	290827.93	32693.27	73736	1	0
2004	143653.02	328160.14	35885.39	74264	1	0
2005	160023.40	369910.20	37046.58	74647	1	0
2006	180377.54	419726.58	39253.82	74978	1	0

① 前面人力资本数据估算至2013年，因此，本书后续分析使用的数据也截至2013年。

续表

年份	Y（亿元）	K（亿元）	H（亿元）	L（万人）	$D1994$	$D2010$
2007	206047.77	476469.51	42209.33	75321	1	0
2008	225940.22	544362.43	46063.46	75564	1	0
2009	247178.18	632955.78	50896.69	75828	1	0
2010	273468.40	732034.04	66732.46	76105	1	1
2011	299547.55	841362.23	83688.03	76420	1	1
2012	323080.80	963879.82	91351.93	76704	1	1
2013	348144.23	1097097.50	101255.63	76977	1	1

使用 Eviews 7.2 软件对 $\ln(Y/L)$、$\ln(K/L)$、$\ln(H/L)$ 进行平稳性检验，检验形式的选择遵循一般到特殊原则，滞后阶数按照 *SIC* 标准选取，其检验结果见表 6－2。

表 6－2　　单位根检验结果

变量	检验形式	ADF 统计量	1%临界值	5%临界值	10%临界值	P 值
$\ln(Y/L)$	(c，0，0)	1.7682	－3.6329	－2.9484	－2.6129	0.9996
$\Delta\ln(Y/L)$	(c，0，0)	－3.7378*	－3.6394	－2.9511	－2.6143	0.0078
$\ln(K/L)$	(c，0，0)	6.1494	－3.6329	－2.9484	－2.6129	1.0000
$\Delta\ln(K/L)$	(c，0，0)	－2.5267****	－3.6394	－2.9511	－2.6143	0.1183
$\ln(H/L)$	(c，0，0)	1.6075	－3.6329	－2.9484	－2.6129	0.9993
$\Delta\ln(H/L)$	(c，0，1)	－5.1360*	－3.6594	－2.9511	－2.6143	0.0002

注：检验形式（c，t，q）分别表示单位根检验方程中包含常数项、时间趋势和滞后阶段。* 与 ** 分别表示在 1%、5%显著性水平下拒绝有单位根的原假设，Δ 表示一阶差分，**** 表示在 10%显著性水平下接近拒绝原假设。

检验结果表明，$\ln(Y/L)$、$\ln(K/L)$、$\ln(H/L)$ 均为非平稳序列，但是 $\Delta\ln(Y/L)$、$\Delta\ln(H/L)$ 为平稳序列，$\Delta\ln(K/L)$ 的 P 值为 11.83%，可以近似看成在 10%显著性水平下为平稳序列，因此，上述 3 个变量均为 $I(1)$ 序列。

利用表 6－1 中的数据，对式（6－4）中的生产函数进行估计，结果见表 6－3。

表6-3　生产函数估计结果（OLS）

变量	系数	标准差	t-统计量	P值
ln(*K/L*)	0.6220 *	0.0838	7.4211	0.0000
ln(*H/L*)	0.2868 *	0.0825	3.4774	0.0015
*D*1994	0.1285 *	0.0328	3.9138	0.0005
*D*2010	-0.1571 *	0.0392	-4.0073	0.0004
C	0.7059 **	0.2736	2.5803	0.0148

注：* 与 ** 分别表示在1%、5%显著性水平下系数通过检验。

从生产函数估算结果来看：（1）在5%的显著性水平下，所有参数都显著；（2）模型估计的F值为2372.02，在1%显著性水平下都通过检验，表明模型整体很显著；（3）从模型的拟合情况来看，可决系数（R^2）为0.9967，修正的可决系数（R^2）为0.9963，表明模型对数据的解释能力很强；（4）D.W为0.4814，表明残差存在自相关，可使用"Newey-West估计法"来处理，即仍使用OLS来估计回归系数，但是用"异方差自相关稳健的标准差"（Heteroskedasticity and Autocorrelation Consistent Standard Error，简记为HAC）来改变标准差的估计值，结果见表6-4。可以发现：劳均实物资本、劳均人力资本、*D*1994和*D*2010四个变量的系数在5%显著性水平下都通过检验。因此，生产函数测算的参数估计值可作为下文继续分析计算的依据。

表6-4　生产函数估计结果（HAC稳健标准差）

变量	系数	标准差	t-统计量	P值
ln(*K/L*)	0.6220 *	0.0837	7.4296	0.0000
ln(*H/L*)	0.2868 *	0.0999	2.8710	0.0073
*D*1994	0.1285 *	0.0403	3.1860	0.0033
*D*2010	-0.1571 *	0.0376	-4.1761	0.0002
C	0.7059 *	0.2323	3.0392	0.0048

于是，可将估算后模型表示为式（6-5）：

$$\ln(Y/L) = 0.7059 + 0.622\ln(K/L) + 0.2868\ln(H/L) + 0.1285D1994 - 0.1571D2010 \quad (6-5)$$

从式（6-5）中可以看到：（1）劳均实物资本的产出弹性系数为0.6220，

说明劳均实物资本增加1%，劳均产出将增加0.622%；（2）劳均人力资本的产出弹性系数为0.2868，说明劳均人力资本增加1%，劳均产出将增加0.2868%；（3）劳动力产出弹性为γ，在规模报酬不变假定下，$\gamma=1-\alpha-\beta=1-0.622-0.2868=0.0912$，说明就业人员每增加1%，产出将增加0.0912%。（4）两个虚拟变量的系数可视作对常数项（即全要素生产率）的修正。*D*1994的系数为0.1285，说明从1994年起市场经济体制改革的推进和宏观调控的完善显著地提高了全要素生产率。*D*2010的系数为-0.1571，则说明2010年以后全要素生产率有所下降。（5）通过比较劳均实物资本和劳均人力资本的产出弹性，或者说实物资本和人力资本的产出弹性，会发现前者是后者的2.17倍，即实物资本与人力资本的最佳配置比例为2.17。

根据表6-1数据可计算出历年的实物资本存量与人力资本存量的比值，结果见表6-5。可见，1978~2013年我国实物资本与人力资本之比最高为12.44，最低为7.82，该期间平均达到9.78。显然，两种资本存量之比远远大于其产出弹性之比2.17，远远高于第3章所推导的最佳比例。这也意味着：实物资本相对于人力资本来说，处于过度丰裕状态，而人力资本则处于极度稀缺状态。换言之，在保持资本总量不变的情况下，减少实物资本存量增加人力资本存量会增加产出。

表6-5　　历年实物资本与人力资本之比

年份	K/H	年份	K/H	年份	K/H
1978	9.46	1990	8.61	2002	8.89
1979	9.93	1991	8.13	2003	8.90
1980	10.32	1992	7.82	2004	9.14
1981	10.40	1993	8.10	2005	9.99
1982	10.42	1994	11.34	2006	10.69
1983	10.26	1995	10.85	2007	11.29
1984	9.94	1996	9.48	2008	11.82
1985	9.46	1997	9.13	2009	12.44
1986	9.33	1998	9.67	2010	10.97
1987	9.30	1999	9.48	2011	10.05
1988	9.18	2000	8.11	2012	10.55
1989	8.96	2001	8.96	2013	10.83

6.3 中国潜在增长率及潜在损失的估算

6.3.1 要素最佳配置比例

实物资本与人力资本的最佳配置比例为两种资本的产出弹性之比。经过上述生产函数测算得到的弹性之比为2.17倍，那么两种要素的最佳配置比例便是2.17倍。在社会生产过程中已经形成的两种资本并不能随意的转化其形态，但是在理论研究中可以假定：在资本总存量不变情况下两种资本可以按照最佳比例重新配置。据此，可以测算出1978～2013年达到最佳配置比例时的两种资本存量的具体数值，计算结果见表6－6。

表6－6 1978～2011年达到最佳配置比例时的两种资本存量（2000年价） 单位：亿元

年份	配置前	按最佳比例配置后		年份	配置前	按最佳比例配置后	
	$K+H$	K^*	H^*		$K+H$	K^*	H^*
1978	33592.62	22991.83	10600.79	1996	160985.66	110183.56	50802.10
1979	36103.86	24710.60	11393.26	1997	178611.81	122247.44	56364.37
1980	38992.19	26687.46	12304.73	1998	195726.64	133961.36	61765.28
1981	41734.96	28564.69	13170.26	1999	215173.25	147271.22	67902.03
1982	44814.37	30672.34	14142.03	2000	239883.18	164183.46	75699.72
1983	48425.31	33143.78	15281.53	2001	260153.04	178056.78	82096.26
1984	53096.57	36340.93	16755.64	2002	287699.64	196910.52	90789.12
1985	58793.55	40240.12	18553.43	2003	323521.20	221427.90	102093.30
1986	64906.16	44423.78	20482.38	2004	364045.53	249164.01	114881.52
1987	72009.40	49285.46	22723.94	2005	406956.78	278533.79	128422.99
1988	79676.22	54532.86	25143.35	2006	458980.40	314140.37	144840.04
1989	85564.29	58562.84	27001.45	2007	518678.84	354999.82	163679.02
1990	91695.04	62758.92	28936.12	2008	590425.89	404105.72	186320.17
1991	98358.66	67319.70	31038.95	2009	683852.47	468049.76	215802.71
1992	107396.74	73505.65	33891.09	2010	798766.50	546700.47	252066.03
1993	117878.78	80679.88	37198.90	2011	925050.26	633132.98	291917.29
1994	127199.25	87059.10	40140.15	2012	1055231.75	722233.21	332998.54
1995	142731.71	97690.00	45041.72	2013	1198353.14	820189.91	378163.23

6.3.2 全要素生产率序列的估算

全要素生产率序列测算的方法很多，如索洛余值法、DEA－Malmquist、SFA等（李平等，2013）。本书采用索洛余值法来估算全要素生产率，该方法的思想是产出中扣除生产要素贡献部分的剩余值，其计算公式如式（6－6）。

$$LNA = LN(Y/L) - \alpha LN(K/L) - \beta LN(H/L) \tag{6-6}$$

值得注意的是，前面模型估计中添加了 $D1994$ 和 $D2010$ 两个虚拟变量来反映我国经济体制的变革以及阶段发展的特点，基于式（6－6）测算的全要素生产率中包含这些因素对劳均产出的影响，即式（6－6）中的 LNA 是原模型中的常数项和两项虚拟变量的系数之和。根据前面劳均产出、劳均实物资本、劳均人力资本以及估算得到的参数值，通过（6－6）的公式可以计算出对数全要素生产率 LNA 序列，结果见表6－7。

表6－7　对数全要素生产率 *LNA* 序列

年份	*LNA*	年份	*LNA*	年份	*LNA*	年份	*LNA*
1978	0.6249	1987	0.7542	1996	0.8612	2005	0.8082
1979	0.6405	1988	0.7636	1997	0.8466	2006	0.8323
1980	0.6506	1989	0.7334	1998	0.8493	2007	0.8653
1981	0.6380	1990	0.6868	1999	0.8320	2008	0.8492
1982	0.6560	1991	0.6998	2000	0.7837	2009	0.8164
1983	0.6832	1992	0.7447	2001	0.8083	2010	0.7490
1984	0.7305	1993	0.7957	2002	0.8020	2011	0.6882
1985	0.7510	1994	0.9159	2003	0.7905	2012	0.6538
1986	0.7414	1995	0.9049	2004	0.7844	2013	0.6181

类似地，利用索洛余值法可计算全要素生产率增长率，其计算公式如式（6－7）。

$$\frac{\Delta A}{A} = \frac{\Delta Y}{Y} - \alpha\frac{\Delta K}{K} - \beta\frac{\Delta H}{H} - (1-\alpha-\beta)\frac{\Delta L}{L} \tag{6-7}$$

其中，$\Delta Y/Y$、$\Delta K/K$、$\Delta H/H$ 以及 $\Delta L/L$ 分别代表产出增长率、实物资本增长率、人力资本增长率以及就业人员增长率，结果见表 6－8。

表 6－8　　全要素生产率增长率

年份	$\Delta A/A$	年份	$\Delta A/A$	年份	$\Delta A/A$	年份	$\Delta A/A$
1979	1.64	1988	1.02	1997	－1.67	2006	2.59
1980	1.07	1989	－3.22	1998	0.23	2007	3.62
1981	－1.34	1990	－5.00	1999	－1.91	2008	－1.86
1982	1.94	1991	1.36	2000	－5.73	2009	－3.76
1983	2.95	1992	4.97	2001	2.51	2010	－8.06
1984	5.30	1993	5.62	2002	－0.73	2011	－7.08
1985	2.24	1994	11.73	2003	－1.33	2012	－3.86
1986	－1.08	1995	－1.31	2004	－0.74	2013	－3.98
1987	1.39	1996	－5.20	2005	2.51		

图 6－2 显示了 1979～2013 年全要素生产率（TFP）增长率的变动情况，其阶段变化规律与我国经济发展的变迁极为相似。改革开放后农村生产力得到了极大的解放和提高，TFP 增长率在 1984 年达到第一个谷峰 5.3%。随着经济体制改革重心由农村转向城市，改革目标和模式尚未明朗化，TFP 增长率逐步下降。通过放权让利，转换国有企业的经营机制，1987～1988 年 TFP 增长率得到一定提升。然而，1989～1990 年我国出现改革开放后第一次高通货膨胀，治理通货膨胀的措施是大幅度减少投资，致使经济增长率大幅回落，TFP 不可避免地显著下降。随着我国市场经济改革目标的确立，以及金融、财政及外汇市场改革的启动与推进，TFP 增长率快速提高，在 1994 年达到最高峰值 11.73%。之后，TFP 增长率快速下降至－5.2%。整个 1995～2009 年时段，TFP 增长率正负交替，变动幅度明显收窄。2008 年之后 TFP 增长率一直小于 0，尤其是 2010 年降幅明显加大，恰恰反映了后金融危机时代中国经济增长面临的困境。

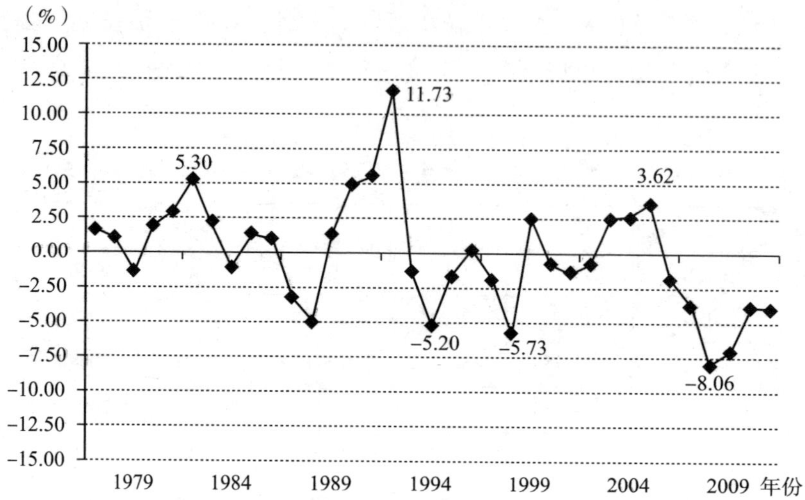

图 6-2　1979~2013 年全要素生产率变动趋势

6.3.3　潜在产出及潜在损失的估算

按照第 3 章对潜在产出含义的拓展，在生产要素的现有利用率条件下，当实物资本与人力资本达到最佳配置比例时的产出水平，定义为潜在产出。潜在产出与实际产出的差额部分便是潜在损失。这部分损失是因为两种资本配置的比例失当造成，也可以称为效率损失。

利用表 6-6 中按最佳资本比例重新配置后的实物资本和人力资本数据、表 6-7 的全要素生产率以及实物资本和人力资本的产出弹性值，便可以推算出两种资本达到最佳配置比例时的潜在产出，具体计算公式如（6-8）。

$$\ln(Y^*/L) = \ln A + 0.622(K^*/L) + 0.2868\ln(H^*/L) \tag{6-8}$$

通过公式（6-9）变换，可以求得潜在产出 Y^*：

$$Y_t^* = L \cdot EXP(\ln(Y^*/L)) \tag{6-9}$$

在此基础上，可以通过式（6-10）、(6-11)、(6-12) 来计算潜在损失 GAP_t、潜在增长率 y_t^*、实际增长率 y_t 以及潜在损失率 l_t，结果见表 6-9。

$$GAP_t = Y_t^* - Y_t \tag{6-10}$$

$$y_t^* = \frac{Y_t^* - Y_{t-1}^*}{Y_{t-1}^*} \times 100\% \tag{6-11}$$

$$y_t = \frac{Y_t - Y_{t-1}}{Y_{t-1}} \times 100\% \tag{6-12}$$

$$l_t = \frac{Y_t^* - Y_t}{Y_t} \times 100\% \tag{6-13}$$

表6-9　1978~2011年潜在产出、潜在损失及潜在增长率（2000年价）

单位：亿元，%

年份	$\ln(Y^*/L)$	Y^*	Y	GAP	y_t^*	y_t	l_t
1978	8.27	15620.84	13191.28	2429.56			18.42
1979	8.33	16974.71	14193.82	2780.90	8.67	7.60	19.59
1980	8.38	18443.66	15301.88	3141.78	8.65	7.81	20.53
1981	8.40	19428.41	16093.36	3335.05	5.34	5.17	20.72
1982	8.45	21172.41	17531.21	3641.20	8.98	8.93	20.77
1983	8.52	23395.33	19430.75	3964.58	10.50	10.84	20.40
1984	8.62	26761.61	22372.41	4389.20	14.39	15.14	19.62
1985	8.70	30059.52	25380.02	4679.50	12.32	13.44	18.44
1986	8.76	32655.53	27648.92	5006.61	8.64	8.94	18.11
1987	8.84	36444.84	30880.78	5564.06	11.60	11.69	18.02
1988	8.92	40439.61	34350.09	6089.52	10.96	11.23	17.73
1989	8.93	41932.24	35787.94	6144.31	3.69	4.19	17.17
1990	8.81	43235.89	37186.21	6049.67	3.11	3.91	16.27
1991	8.87	46736.35	40642.33	6094.02	8.10	9.29	14.99
1992	8.99	52997.49	46420.11	6577.38	13.40	14.22	14.17
1993	9.12	60749.52	52857.45	7892.07	14.63	13.87	14.93
1994	9.30	73475.54	59756.49	13719.05	20.95	13.05	22.96
1995	9.38	80759.11	66299.37	14459.74	9.91	10.95	21.81
1996	9.44	86346.34	72881.81	13464.52	6.92	9.93	18.47
1997	9.50	93625.94	79609.37	14016.58	8.43	9.23	17.61
1998	9.58	102125	85848.84	16276.21	9.08	7.84	18.96
1999	9.64	109508.8	92431.29	17077.49	7.23	7.67	18.48
2000	9.68	115281.3	100280.1	15001.18	5.27	8.49	14.96
2001	9.77	127299.8	108643.4	18656.47	10.43	8.34	17.17
2002	9.85	138703.5	118563.2	20140.28	8.96	9.13	16.99

续表

年份	$\ln(Y^*/L)$	Y^*	Y	GAP	y_t^*	y_t	l_t
2003	9.94	152637.5	130461.7	22175.75	10.05	10.04	17.00
2004	10.03	168983.3	143653	25330.30	10.71	10.11	17.63
2005	10.15	191590.5	160023.4	31567.13	13.38	11.40	19.73
2006	10.28	219036.2	180377.5	38658.67	14.33	12.72	21.43
2007	10.42	253085.8	206047.8	47038.01	15.55	14.23	22.83
2008	10.52	280259.4	225940.2	54319.22	10.74	9.65	24.04
2009	10.62	310024.1	247178.2	62845.94	10.62	9.40	25.43
2010	10.69	333866.8	273468.4	60398.36	7.69	10.64	22.09
2011	10.76	359139.7	299547.6	59592.15	7.57	9.54	19.89
2012	10.84	391236.3	323080.8	68155.47	8.94	7.86	21.10
2013	10.92	423931.5	348144.2	75787.23	8.36	7.76	21.77

图6－3显示了1978～2013年潜在产出与当年实际产出的对比情况。可以发现：（1）潜在产出曲线明显位于实际产出曲线之上，且两条曲线的差距越来越大。这说明每年的潜在产出 Y^* 都大于当年实际产出 Y，且潜在损失呈现不断扩大的趋势。1978～2013年这一时段潜在损失累计达到766459.15亿元，占同期实际累计产出的20.32%。这意味着，在现有生产要素利用率下，不需要增加任何要素投入，仅通过改变实物资本与人力资本的配置比例，经济产出可以增加766459.15亿元，产出效率可以得到很大提高。潜在损失的不断扩大说明实物资本和人力资本错配引致的效率损失越来越大。（2）潜在产出及实际产出均实现了快速增长。1978年潜在产出仅为15620.84亿元，2013年已高达423931.46亿元，年均增长率达到9.89%。1978年实际产出为13191.28亿元，2013年达到348144.23亿元，年均增长率为9.80%。潜在产出年均增长率比实际产出年均增长率高出0.09%。比较历年的潜在产出增长率与实际产出增长率，有17年的潜在产出增长率高于实际产出增长率，18年的潜在产出增长率低于实际产出增长率。这种结果是合理的，正如前面所揭示的结论：潜在产出大于实际产出，基数越大，增加相同产出的条件下，增长率越小；反之，基数越小，增长率越大。因此，潜在产出大于当年实际产出并不等同于当

年的潜在产出增长率高于当年的实际产出增长率。由于每年的潜在产出都高于实际产出，故潜在累计总产出要高于实际累计总产出，这是在未增加任何投入要素的情况下，仅仅通过改变投入要素的结构而增加的产出。

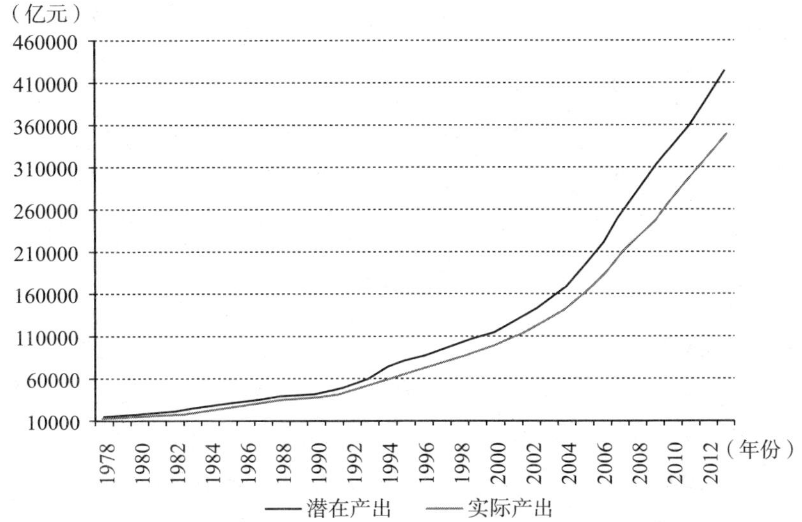

图6-3 1978~2013年中国的潜在产出与实际产出比较

图6-4描绘了1978~2013年中国经济潜在损失及潜在损失率的变化情况。整体而言，中国经济的潜在损失呈现增长态势，而潜在损失率的波动则较为剧烈。按照潜在损失变化的阶段性特征，可分为四个时段：（1）1978~1993年这一时段的潜在损失绝对额较小，均在8000亿元以下。1978年潜在损失仅仅为2429.56亿元，1993年达到7892.07亿元，年均增长率为8.17%。（2）1994~2004年这一时段的潜在损失持续缓慢扩大，均介于10000亿~30000亿元。1994年潜在损失首次突破万亿，达到13719.05亿元，之后在调整中不断增加，年均增长率达到6.32%。（3）2005~2009年这一时段的潜在损失飞速扩大。2005年潜在损失为31567.13亿元，首次突破30000亿元，2009年潜在损失已达到新的峰值62845.94亿元，年均增长率高达18.78%。（4）2010~2013年这一时段的潜在损失增速逐步减缓。2010年潜在损失下降至60398.36亿元，降幅达到3.89%；2011年依旧呈现下降态势，降幅减缓至1.33%，2012年和2013

年开始反弹增加，增速分别为 14.37% 和 11.2%，明显低于上一时段。

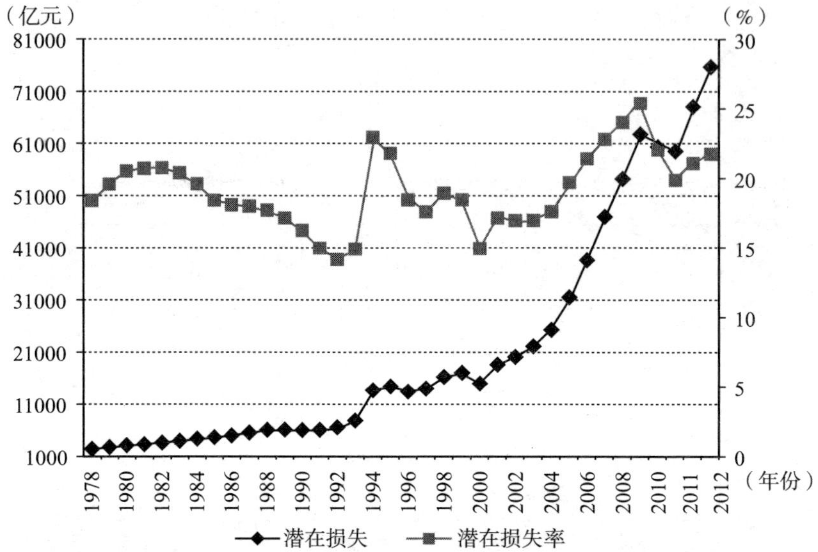

图 6－4　1978～2013 年中国的潜在损失及潜在损失率

图 6－5 描绘了 1978～2013 年中国的两种资本配置状况和潜在损失率的变化情况，二者呈现出一致的变化态势。潜在损失变化的阶段特征反映出各时段实物资本与人力资本之比偏离最佳配置比例的程度存在显著的差异。潜在损失增长越快，说明该时段中两种资本配置偏离最佳比例越大，资本配置越低效；反之，两种资本配置偏离最佳比例越小，资本配置越趋于有效。由图 6－5 可见，2005～2009 年这一时段两种资本配置效率最低，2010～2013 年这一时段次之，1994～2004 年这一时段位列第三，1978～1993 年这一时段的资本配置相对最有效。这主要是因为在各时段固定资产投资增速明显不同。伴随着 1994 年启动的宏观调控和管理模式的改革和推进，中国经济越来越依赖于宏观政策调控经济，以保持经济实现快速平稳增长。这种政策取向使得中国的固定资产投资增速在 1992 年之后明显加快；2008 年的 4 万亿投资计划更是将其推到了极致。与此同时，我国人力资本投资却增速缓慢，直至 2012 年国家财政教育经费支出才达到 GDP 的 4.16%。2010 年之后，中国经济政策取向慢慢回归中性，固定资产投资的增速缓慢下降。此外，就潜在损失率而言，1978～

2013 年变化较为剧烈，平均潜在损失率为 19. 17%。其中：1992 年潜在损失率最低，仅为 14. 17%；2009 年潜在损失率达到峰值，高达 25. 43%。2010 年和 2011 年潜在损失率大幅下降，之后反弹，2013 年降为 21. 77%。这也反映出 2010 年之后两种资本配置得到了一些改善，偏离最佳比例的程度减弱。

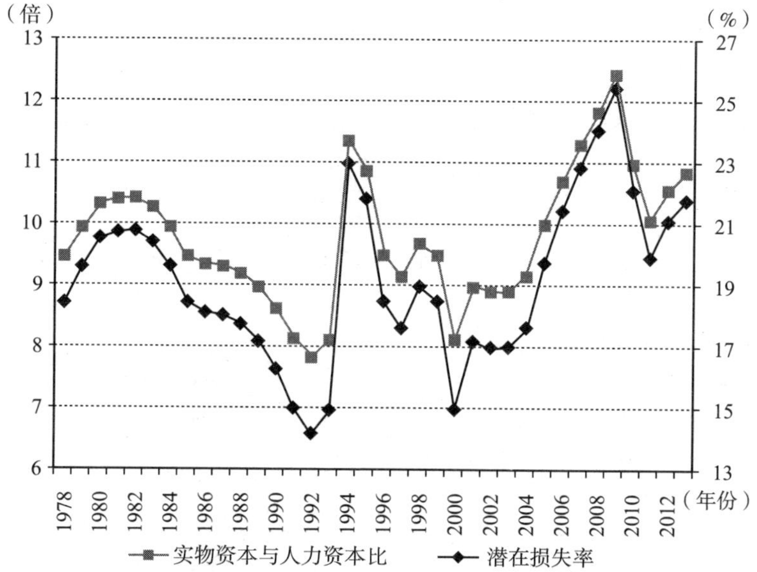

图 6 -5　1978 ~2013 年中国的两种资本配置情况与潜在损失率比较

6. 4　中国经济潜在增长率的预测

6. 4. 1　2014 ~2020 年各类生产要素预测

图 6 -6、图 6 -7 描绘了 1978 ~2013 年中国经济发展所需各生产要素的变化趋势。基于这些基础数据分别对实物资本、人力资本、就业人员数及全要素生产率序列进行拟合，并在此基础上外推得到各生产要素 2014 ~2020 年的预测值。

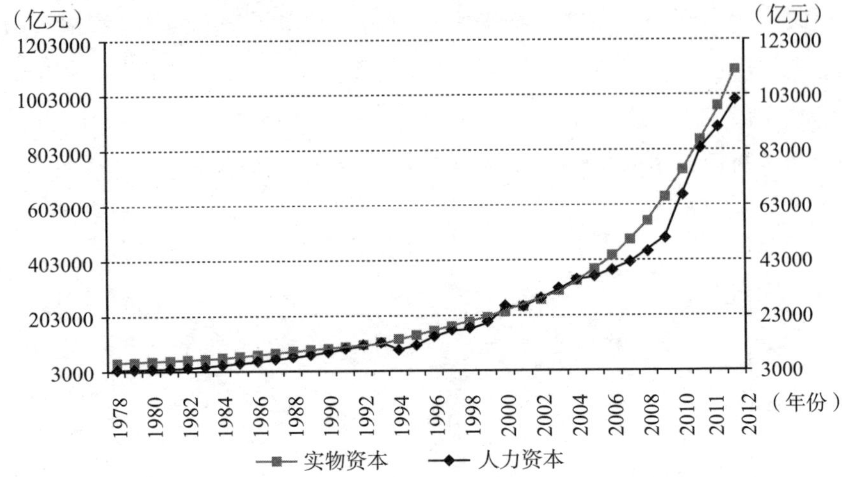

图 6-6　1978~2013 年实物资本和人力资本变化趋势

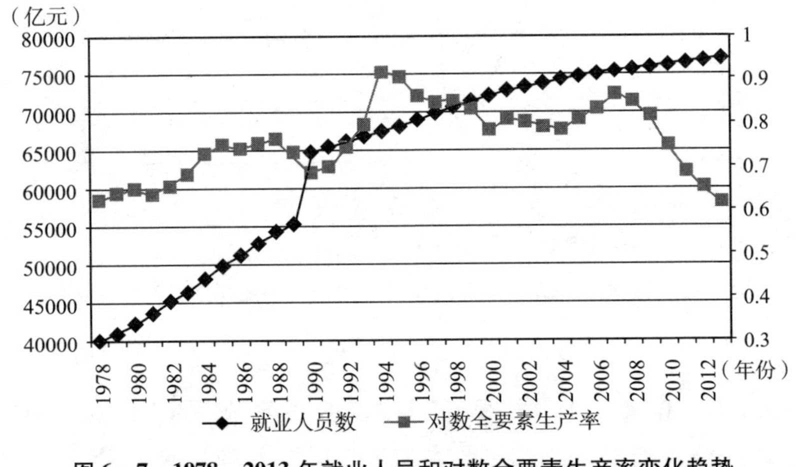

图 6-7　1978~2013 年就业人员和对数全要素生产率变化趋势

从上述两图可以看到，各生产要素曲线形状各异。采用相同的非线性拟合方式显然不合理，尤其是就业人员数在 1990 年发生明显突变，而对数全要素生产率 *LNA* 表现出较强的波动性。实物资本和人力资本曲线形状极为相似，拟合方式有两种选择：一是直接对原水平序列进行非线性拟合，拟合函数选择的标准是拟合优度较大且均方误差根相对较小。二是对原变量取对数后的序列进行线性拟合，此种方式经常使用，其潜在假设是该序列呈指数增长趋势。两种拟合方式的结果比较见表 6-10。

表 6-10　　对各生产要素序列不同拟合方式的结果比较　　单位：亿元

生产要素	拟合形式	拟合优度	RMSE	2014 年和 2015 年预测值	与 2014 年和 2015 年实际值之差	与 2013 年实际值之差
实物资本 K	$\ln K$ 线性拟合	0.9913	0.1009	966078 1068322	-268672 -307721	
	K 三次多项式拟合	0.9944	21990	1170120 1299910	-64630 -76133	
人力资本 H	$\ln H$ 线性拟合	0.9909	0.0999			-7354.29
	H 三次多项式拟合	0.9792	3907			5126.37

由表 6-10 可以看到：(1) 直接对实物资本序列进行多项式拟合的效果相对更优，因为其拟合优度 R^2 相对较高。由于 2014~2015 年的实物资本存量已经估算得到，由此得到的 2014 年和 2015 年预测值与实际值也更为接近。(2) 对人力资本存量序列而言，两种拟合方式的 R^2 分别为 0.9912 和 0.9722，拟合优度都很高，但是由此得到 2014 年的预测值与 2013 年实际值相比①，三次多项式拟合的差异为 5126.37 亿元，对数线性拟合为 -7354.29 亿元，前者的误差明显小于后者。一般而言，除非发生大的结构性变动，否则序列本身很难出现大幅度的下降。因此，本书仍选择基于人力资本存量序列进行多项式拟合和预测，结果见表 6-13。

图 6-7 显示从业人员数的变化趋势与其他生产要素有显著差异，且从业人员数量的变动受制于一个国家的人口政策和人口结构的变动。1964 年中国正式开始在城市实施节育工作；1966 年城市出生率降至 20.85‰；1966~1976 年的计划生育工作停滞，期间人口平均出生率超过 33‰；1978 年 3 月通过的《中华人民共和国宪法》第 53 条规定"国家提倡和推行计划生育"；1980 年党中央和国务院明确提出一胎化政策；1982 年党的十二大报告正式把实行计划生育确定为中国的一项基本国策。实行 30 多年的计划生育政策有效地遏制了中国人口的过快增长，然而却带来其他一系列问题：人口老龄化、人口红利的消失、性别比例失调等。表 6-11 列示了中国近 10 年来 15~59 岁劳动适龄人

① 未选择与 2014 年的值比较，是由于该年的人力资本存量受到数据可得性限制而无法估算。

口的变化情况，可以发现：尽管总人口在缓慢增加，但是15～59岁劳动年龄人口2012年减少345万人，2013年减少227万人，劳动年龄人口占比自2011年起也逐步下降，2015年已降至67.3%。基于上述认识，并不能按照图6－7显示的从业人员缓慢增长趋势进行预测，对未来各年从业人员数变化趋势的定性判断是缓慢负增长，直至2020年。此判断也恰恰反映出中国人口结构变化的实际情况①。

表6－11　　2006～2015年15～59岁劳动年龄人口数及占比

年份	总人口（万人）	15～59岁人口（万人）	劳动年龄人口占比（%）
2006	131148	90586	68.9
2007	132129	91129	69.0
2008	132802	91647	69.0
2009	133474	92097	69.0
2010	134040	93962	70.1
2011	134735	94072	69.8
2012	135404	93727	69.2
2013	136072	93500	68.7
2014	136782	92982	68.0
2015	137462	92547	67.3

资料来源：国家统计局公布的国民经济和社会发展统计公报，其中：2010年数据和其他年份统计基础不同，为2010年11月1日零时为标准时点的第六次全国人口普查数据。

为此，本书将以从业人员数增长率序列进行分析与预测，最后再检验预测序列是否满足上述定性判断。表6－12显示了1953年以来中国就业人员数增长率（$L/L(-1)$）的变化情况，可发现：1953～1964年就业人员数增长率波动较为剧烈，1958年增长率最大高达11.9%，而1959～1961年则呈现负增长，尤其1959年增长率为－1.61%。然而，自1965年之后，除1990年高达17.03%外，其余年份就业人员数的变化较为缓慢，波动幅度明显收窄。

① 中国自2016年起全面放开二胎生育政策，人口出生率可能会逐渐上升，但反映到劳动年龄人口上升则要在15年（即2030年）以后。本书只预测到2020年，故无需考虑二胎生育政策的影响。

表6-12　1952年以来中国就业人员数增长率

年份	L/L(-1)	年份	L/L(-1)	年份	L/L(-1)
1953	1.0306	1974	1.0196	1995	1.0090
1954	1.0219	1975	1.0214	1996	1.0130
1955	1.0227	1976	1.0174	1997	1.0126
1956	1.0309	1977	1.0140	1998	1.0117
1957	1.0327	1978	1.0197	1999	1.0107
1958	1.1190	1979	1.0217	2000	1.0097
1959	0.9839	1980	1.0326	2001	1.0099
1960	0.9888	1981	1.0322	2002	1.0066
1961	0.9888	1982	1.0359	2003	1.0062
1962	1.0125	1983	1.0252	2004	1.0072
1963	1.0282	1984	1.0379	2005	1.0052
1964	1.0411	1985	1.0348	2006	1.0044
1965	1.0337	1986	1.0283	2007	1.0046
1966	1.0396	1987	1.0293	2008	1.0032
1967	1.0339	1988	1.0294	2009	1.0035
1968	1.0357	1989	1.0183	2010	1.0037
1969	1.0410	1990	1.1703	2011	1.0041
1970	1.0363	1991	1.0115	2012	1.0037
1971	1.0345	1992	1.0101	2013	1.0036
1972	1.0066	1993	1.0099	2014	1.0036
1973	1.0223	1994	1.0097	2015	1.0026

将序列 $L/L(-1)$ 的样本期定义为1965~2015年，对其进行平稳性检验。选取带截距和时间趋势的检验形式，按照SIC准则选择滞后阶数，得到t统计量为-6.8112，小于1%显著性水平的临界值为-4.1525，且P值为0.0000，说明 $L/L(-1)$ 是趋势平稳序列。基于此，定义时间趋势变量 T 和虚拟变量 $D1990$，其中：$T=\{1, 2, 3, \cdots, 56\}$，$D1990=\{0, \cdots, 0, 1, 0, \cdots, 0\}$，建立如下就业人员数增长率模型：

$$\mathrm{LOG}(L/L(-1))=\alpha+\beta T+\gamma D1990 \tag{6-14}$$

经估计，可得式（6-14）：

$$\mathrm{LOG}(L/L(-1))=0.0350-0.0007T+0.1398D1990 \tag{6-15}$$

$$(17.72)\quad(-10.25)\quad(20.00)$$

从估算结果来看：模型估计的 F 值为 252.5，表明模型整体是很显著；在 1%的显著性水平下，所有参数都显著；模型拟合的可决系数 R^2 为 0.9132，表明模型对数据的解释能力很强；模型的 D. W 为 0.78，表明数据间存在一阶自相关。为此，在模型中加入 $AR(1)$，重新估计上述模型，可得式（6－15）：

$$LOG(L/L(-1)) = 0.0350 - 0.0007T + 0.1422D1990 + 0.6154AR(1) \quad (6-16)$$
$$(7.78)\ (-4.74)\ (29.86)\quad (5.29)$$

经式（6－15）估计后的 D. W 值为 2.21，表明模型已经不存在自相关。基于式（6－15）对未来 2016～2020 年的就业人员数进行预测，结果见表 6－13。由此计算出 2016～2020 年就业人员的增长率分别为：－0.005%、－0.07%、－0.14%、－0.21%、－0.27，呈现缓慢负增长特点，基本与前面定性判断的增长变化趋势相吻合。

图 6－7 中的对数全要素生产率 ln$A$ 表现出较强的波动性，对该数列直接进行线性拟合预测的拟合优度为 0.1518，RMSE 为 0.077，拟合效果较差。与就业人员增长率模型类似，将序列 ln$A$/ln$A$(－1) 的样本期定义为 1978～2013 年，选取带截距和时间趋势的检验形式对其进行平稳性检验，得到 t 统计量为－3.5540，小于 5%显著性水平的临界值为－3.5485，且 P 值为 0.0494，说明 ln$A$/ln$A$(－1) 是趋势平稳序列。基于此，定义时间趋势变量 T = {1，2，3，…，35}，建立如下模型：

$$\ln A/\ln A(-1) = \alpha + \beta T \quad (6-17)$$

经估计，可得式（6－17）：

$$\ln A/\ln A(-1) = 1.0378 - 0.0019T \quad (6-18)$$
$$(64.46)\ (-2.60)$$

该模型估计的 F 值为 6.77，模型拟合的可决系数 R^2 为 0.1703，在 5%的显著性水平下，所有参数都显著；模型的 D. W 为 1.16，表明数据间存在一阶自相关，于是，在模型中加入 $AR(1)$，重新估计上述模型，可得式（6－18）：

$$\ln A/\ln A(-1) = 1.0411 - 0.0021T + 0.4175AR(1) \quad (6-19)$$
$$(36.78)\ (-1.68)\ (2.55)$$

修正后模型的 F 值为 7.0，模型拟合的可决系数 R^2 为 0.31，拟合效果优于线性拟合，在 10%的显著性水平下，所有参数都显著，D. W 为 1.81，表明不存在一阶自相关。据此，对 2014 ~ 2020 年的 *LNA* 序列进行预测，结果见表 6 - 13。

表 6 - 13　　　2014 ~ 2020 年各生产要素的预测值①

年份	*KF*（亿元）	*HF*（亿元）	*LNAF*	*LF*（万人）
2014	1247297	106382	0. 5952	77253
2015	1376043	117673	0. 5719	77451
2016	1515883	129829	0. 5483	77447
2017	1666143	142883	0. 5245	77392
2018	1827213	156868	0. 5006	77284
2019	1999453	171817	0. 4768	77124
2020	2183263	187763	0. 4531	76913

表 6 - 13 中，2014 年和 2015 年的就业人数是实际发生数据，人力资本和对数全要素生产率是预测数据、实物资本存量是已估算数据。给定 2014 年的人力资本、对数全要素生产率和就业人数条件下，依据当年的实际经济增长率 7. 4% 进行反推得到当年的实物资本存量为 1247297 亿元，比当年估算的实物资本存量 1170120 亿元少了 77177 亿元。因此，通过对 2014 ~ 2020 年的实物资本存量预测序列进行截距调整②，即对原有的预测序列统一增加 77177 亿元，实质上是将拟合的曲线向上平移，以保证 2014 年的经济增长率预测值与实际值相吻合。由此，预测得到 2015 年的实物资本存量为 1377087 亿元，比当年估算的数据 1376043 亿元多出 1044 亿元，于是，对原有的预测序列再次进行截距调整，相应的预测结果见表 6 - 13。

6. 4. 2　2014 ~ 2020 年潜在增长率预测

基于表 6 - 13 中 2014 ~ 2020 年实物资本、人力资本、就业人员数以及全

① 其中：2012 ~ 2020 年实物资本预测值已经过 2012 年截距调整而得到。截距调整是以当年的实际发生值为准对原来的预测序列进行调整，使当年的预测值与实际发生值相等，通过这种处理使得原有的预测序列在原来的基础上向上或向下整体平移。

② 截距调整是在原有预测值序列取得的基础上，以最近一年的实际值为基准进行预测值的调整，实际上，就是将原有的预测序列统一向上或向下进行了平移，以保证最近一年的预测值与实际值相等。

要素生产率的预测数据，可计算实物资本与人力资本的比值，结果显示：7 年间的平均倍数为 11.67。显然，两种资本之比并未达到最佳配置比例。将上述数据代入式（6－7）可得到：实物资本与人力资本按原有趋势发展且未达到最佳配置比例时的产出与经济增长率。同时，在保持两种资本总和不变的条件下，将实物资本与人力资本按照前文测算的产出弹性之比 2.17 进行重新配置，可以测算得到 2014～2020 年的潜在产出、潜在损失及潜在经济增长率。相应计算结果见表 6－14。

表 6－14　　2014～2020 年潜在经济增长率与实际经济增长率预测

年份	$\ln(YF^*/L)$	YF^*	$\ln(YF/L)$	YF	GAP	y_t^*	y_t	l_t
2014	11.00	463010.26	10.79	373906.90	89103.36	9.22	7.40	23.83
2015	11.06	494786.35	10.85	399795.00	94991.35	6.86	6.92	23.76
2016	11.13	527724.33	10.92	426549.09	101175.24	6.66	6.69	23.72
2017	11.19	561547.37	10.98	454013.97	107533.40	6.41	6.44	23.69
2018	11.25	596236.06	11.04	482173.76	114062.30	6.18	6.20	23.66
2019	11.31	631775.89	11.10	511018.28	120757.61	5.96	5.98	23.63
2020	11.37	668174.70	11.16	540553.15	127621.55	5.76	5.78	23.61

由表 6－14 可知，2014 年预测得到的实际增长率约为 7.4%，与当年实际增长率吻合，这是因为前期进行了截距调整的缘故。同时，2015 年和 2016 年预测的实际经济增长率分别为 6.92% 和 6.69%，与当年的实际增长率相吻合。这说明，基于前面模型计算得到的 2015～2016 年的实际经济增长率预测误差相当小，几乎可以忽略不计。因此，表 6－14 的预测结果基本可信，可以对其进行下一步分析。

图 6－8 比较了 2016～2020 年潜在产出与实际产出预测值。结果显示：（1）该时段中每年潜在产出预测值都大于实际产出预测值，即潜在损失均为正值。2016 年潜在产出预测值为 527724.33 亿元，2020 年已达到 668174.7 亿元，年均增长率为 6.08%；2016 年实际产出预测值为 426549.09 亿元，2020 年

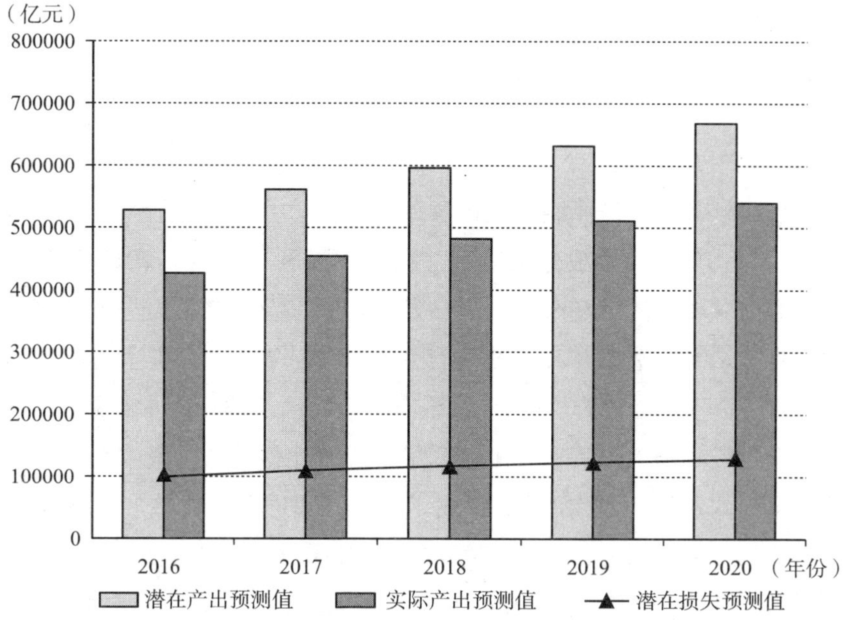

图 6－8　2016～2020 年潜在产出预测值与实际产出预测值比较

达到 540553. 15 亿元，年均增长率为 6. 10%，比潜在产出的年均增长率高出 0. 02%，这主要是由于潜在产出的基数大于实际产出的缘故。（2）2016 年潜在损失预测值为 101175. 24 亿元，2020 年已高达 127621. 55 亿元，5 年间潜在损失累计达到 571150. 1 亿元，占到 1978～2013 年间潜在损失累计额（766459. 15 亿元）的 74. 52%。该时段潜在损失的年均增长率为 5. 98%，尽管与 1978～2013 年这一时段的 10. 33% 相比其增速已经明显放缓，但是随着潜在产出基数的不断扩大，潜在损失绝对增加额变得越来越大。这 5 年间累计的潜在损失绝对额已经达到以往 38 年潜在损失累计额的 60%，这意味着：累计相同潜在损失额所花费的时间将会越来越短。换言之，实物资本与人力资本配置失当造成的效率损失将会越来越大。然而，1978～2015 年形成的投资结构已无法更改，只能在未来不断调整实物资本与人力资本的投资结构，加大人力资本投资的比重，从而使得实物资本与人力资本的比例逐步趋近于最佳配置比例，以减少由于两种资本配置失当而造成的效率损失。

6.5 本章小结

本章在回顾我国经济体制改革历程的基础上，在MRW生产函数模型中引入1994年和2010年两个虚拟变量，并据此模型利用1978~2013年各生产要素的基础数据对中国的潜在产出、潜在经济增长率及潜在损失进行了测算。结果表明：（1）劳均实物资本的产出弹性为0.622，劳均人力资本的产出弹性为0.2868，两种资本的产出弹性之比为2.17，远远低于两种资本存量之比9.78。这意味着实物资本与人力资本并未达到最佳配置比例；实物资本偏高，人力资本偏低，由于两种资本的错配而造成了产出效率损失。（2）全要素生产率（TFP）增长率的阶段变化规律与我国经济发展的变迁极为相似。（3）根据模型测算结果，2013年潜在产出已高达423931.46亿元，年均增长率达到9.89%；实际产出2013年达到348144.23亿元，年均增长率为9.80%，潜在产出年均增长率比实际产出年均增长率高出0.09%。（4）潜在产出曲线明显位于实际产出曲线之上且两条曲线的差距越来越大，说明潜在损失为正且绝对额越来越大，1978~2013年这一时段潜在损失累计达到766459.15亿元。

在此基础上，本章对2016~2020年实物资本、人力资本采用了三次多项式拟合预测，对就业人员数则考虑了中国劳动力结构变化的实际情况，结合定性判断进行了预测，对对数全要素生产率序列建立了包含时间趋势的增长率模型预测，继而对2016~2020年的中国经济总量进行了预测。然后在实物资本和人力资本各年总和保持不变的前提下，调整两种资本的结构达到最佳配置比例，并据此测算了中国2016~2020年的潜在产出、潜在增长率及潜在损失。结果显示：2016年潜在产出预测值为527724.33亿元，2020年已达到668174.7亿元，年均增长率为6.08%，比同期实际产出的年均增长率低0.02%；2016~2020年潜在经济增长率平均达到6.19%，同期的实际经济增长率平均为6.21%，前者比后者低0.03%；2016~2020年潜在损失累计达到571150.1亿元，年均增长率为5.98%，占到1978~2015年潜在损失累计额（950553.9亿元）的60%。这说明：如果实物资本和人力资本继续保持以往的增长规律不变，两者之间的错配关系就会继续下去，由此造成的产出效率损失也会继续下去，且损失呈现越来越大之势。

需要说明的是，本章估计和预测的潜在产出和潜在增长率是在现有生产要素利用率条件下通过改变实物资本和人力资本的配置比例而得到的，其计算口径与以往文献不同。当前的生产要素有可能并未实现充分就业，也有可能过度利用。只有对当前的生产要素利用率进行测度，并在此基础上对本书的估算进行调整后，才可与其他学者的预测结果进行比较。这也是本书后续研究的方向之一。

第7章　提高中国经济潜在增长率的政策建议

前面论证的结论显示，我国实物资本与人力资本配置比例偏离最佳比例较远。如果不改变二者的配置结构，依旧按照原有各自的扩张速度发展下去，由此造成的效率损失将会越来越大。已经形成的资本结构无法去变更，只能在未来资本扩张的过程中逐步调整两种资本的配置结构——遵循的基本原则是：放缓实物资本的增长速度，加快人力资本的增长速度。

7.1　放缓固定资产投资增速，优化固定资产投资结构

在过去的30多年中，固定资产投资对我国经济增长的贡献功不可没。固定资产投资的高速增长推动了我国经济的持续快速增长。1980～2014年间我国全社会固定资产投资年均增长率为19.84%，城镇固定资产投资年均增长率为21.28%。在此期间，资本形成对国内生产总值的贡献率平均达到37.41%，平均每年拉动GDP增长4.08个百分点。一些特殊年份固定资产投资对经济增长的拉动效应则更为明显，比如1993年全社会固定资产投资增长率为61.78%，当年资本形成对国内生产总值的贡献率为52.5%；2003及2009年全社会固定资产投资增长率为分别为29.09%和30.38%，对国内生产总值的贡献率分别高达69.6%和87.1%。

然而，这种简单的以数量扩张型的投资拉动增长模式并不具有可持续性，其负面影响在过去的几年已经开始显现。较高的固定资产投资率往往伴随着投

资效率的下滑和资本的重复建设。投资效率的下降主要有两个表现。其一就是自2003年以来投资比重与固定资本形成率的背离越来越大，这说明我国近几年投资转化为资本的效率在持续下降①。2003年两者之间的差值仅为1.17个百分点，之后一路上升，到2012年两者之间的差值已经扩大至20个百分点以上，2013~2015年分别为29.46、34.47和37.81个百分点。这意味着当年的固定资产投资未能转化形成固定资本的部分越来越大，投资的时滞越来越久。其二是资本产出比的持续上升，这意味着实物资本的产出效率在持续下降。2002年资本产出比为2.18，2003年增加至2.23，之后不断上涨至2015年的3.45。投资转化资本效率与资本产出效率的双重下降使得投资拉动经济增长模式的有效性不断降低。资本的重复建设主要表现为固定资产投资行业集中倾向较为显著，主要集中于制造业、房地产业和交通运输仓储业。从固定资产行业投向上来看，制造业、房地产、交通运输仓储邮政业位列前三，2003~2013年三个行业在当年全社会固定资产投资中平均占比分别为31.48%、24.15%、10.27%，合计占据了当年投资的66%，是其余16个行业投资总额的1.94倍，其中：教育、信息传输计算机服务和软件文化业、体育娱乐业、科学研究技术服务业、金融业投资的占比分别为1.86%、1.42%、1.03%、0.52%、0.18%。从新增固定资产的行业类别来看，制造业依旧位列第一，自2003年以来呈现明显增强的趋势，2003年制造业新增固定资产占比23.19%，2013年该比例已经上升至38.27%；房地产业、交通运输仓储邮政业分别排在第二位和第三位，均呈现出在波动中趋于下降的特征，2003年两个行业的新增固定资产占比分别为25.27%、12.32%，2013年已经降至19.70%和7.44%；公共管理社会保障、教育、信息传输软件服务、卫生和社会工作四个行业新增固定资产占比分别列于第7、9、10、15位，且呈现逐年下降趋势。

鉴于以上考虑，未来调控的重点是：适当控制固定资产投资的增速，着重提高固定资产投资的效率。

① 观点摘自于沈利生《从投资比重上升看经济增长质量》，其中：投资比重是全社会固定资产投资与国内生产总值的比值；固定资本形成率是固定资本形成额与国内生产总值的比值。

7.1.1 不断降低资本形成率

依靠投资拉动，既是中国长期以来经济增长的策略选择，也是工业化进程中的必然选择。随着工业化的不断推进，一国的投资率将会不断提高、消费率会相对下降，工业化进程结束后，投资率和消费率将趋于稳定。2013 年，中国的资本形成率为 47.7%，美国、欧盟、日本、英国、俄罗斯、印度、巴西的资本形成率分别为 19.3%、19.2%、21.1%、17.7%、22.8%、32.5%、20.7%；同期世界的资本形成率为 22.2%，其中，高收入国家、中高等收入国家、中等收入国家、中低等收入国家、低收入国家的资本形成率分别为 20.3%、32.8%、31.4%、27.4%、25.4%。从近 10 年的变化趋势来看，世界和高收入国家的资本形成率均呈现缓慢下降的特点，2004 年分别为 23.4% 和 22.3%，然后在调整中缓慢下降至 2013 年的 22.2% 和 20.3%；其他收入国家的资本形成率则呈现缓慢上升的特点，身为“金砖国家”的巴西和俄罗斯 2004 年的资本形成率分别为 18% 和 20.9%，后缓慢上升至 2013 年的 20.7% 和 22.8%，而印度在这 10 年中不断调整基本维持 32.5% 不变，同期中国的资本形成率从 43% 在调整中上升至 47.7%。由此可见，中国的资本形成率显著高于世界其他国家，且近几年还在缓慢上升，这说明相对于其他国家而言我国的经济增长更加依赖于投资推动。而目前投资驱动型增长模式的负面影响已逐步显现，因此应当减缓固定资产投资的增长速度，逐步降低资本形成率，使其接近于世界平均水平。2015 年的资本形成率为 45.3%①，基于目前的资本形成率水平，如果按照每年下降 3% 测算，2025 年资本形成率大约为 33.4%；如果按照每年下降 5% 测算，2025 年资本形成率大约为 27.1%；按照每年下降 7% 测算，2025 年资本形成率大约为 21.9%；按照每年下降 10% 测算，2025 年资本形成率大约为 15.8%。考虑到目前中国处于三期叠加阶段，经济下行的压力较大，如果过快地降低固定资产投资增速可能对中国经济造成很大的冲击，而 3% 的递减速度 10 年累计后的结果仍然高出世界平均水平很多，因此，选

---

① 资料来源于《中国统计年鉴 2016》。

择5%的递减速度相对比较稳妥，更具有可行性。如果忽略掉固定资产投资过程存在的时滞，资本形成率的下降就要求全社会固定资产投资增速要相应地放缓。逐步弱化中国经济增长对固定资产投资的依赖，与此同时，强化消费对经济增长的作用，培育消费成为推动经济增长的主要推动力。

7.1.2　持续优化固定资产投资结构

目前，中国的固定资产投资主要集中于制造业、房地产业和交通运输仓储业。在未来固定资产投资增速减缓的大背景下，新增固定资产的投向选择更应该坚持结构优化的原则。首先，促进制造业内部投资结构的优化调整。减少产能过剩行业的固定资产投资，如钢铁、电解铝、水泥、铁合金、煤化工、平板玻璃、纺织、多晶硅、风电设备等行业。进一步放缓6大高耗能行业的固定资产投资增速，包括石油加工炼焦及核燃料加工业、有色金属冶炼及压延加工业、化学原料及化学制品制造业、非金属矿物制品业、黑色金属冶炼及压延加工业、电力热力的生产和供应业。大力增加高技术制造业和消费品制造业的固定资产投资，如生物医药及医疗仪器设备制造业、航空航天设备制造业、电子通信设备业、计算机及办公设备制造业、信息化学品制造业、食品制造业、服装服饰制造业、家具制造业、文教体育用品制造业、智能家电、智能汽车及其他智能设备等。其次，全国各类城市居民的住房供需结构存在较大的差异，应当分区域地控制各地区的商品房和保障性安居工程的开发规模和建设。对房地产市场采取全国“一刀切”的政策调控效果较差，应当“分域施策”，凸显政策的区域差异性。针对明显供大于求的城市要严格控制商品房的开发节奏和开发规模，比如山东省2014年底的商品房库存为1.6亿平方米，去库存化周期达到27.3个月[①]，故该省的房地产行业发展应以去库存为主。针对库存量仍显不足的北上广深圳等一线城市，应适度增加商品房供给数量，加大保障性住房建设规模，以满足居民的刚性需求。如2015年8月底北京和广州的商品房库

① 资料来源：《山东房地产业转型升级实施方案：加快去库存化》，载于《青岛晚报》2015年9月8日，网址：http://news.qd.fang.com/2015-09-08/17270410.htm。

存分别为1025万平方米和904万平方米，消化周期仅为8.9个月和8.5个月，上海、深圳消化周期更是低至6个月和5.9个月①。再次，扩大生产性服务业的投资力度。金融业、教育、科学研究技术服务业、信息传输软件技术服务业、现代物流业等生产性服务业，在资金引导、人才培养、技术进步、信息引领、物流配送等方面发挥出来的服务效应，能更快地促进产业结构的升级和经济增长方式的转变。然而这5个行业在历年的新增固定资产中占比较低，尽管科学研究技术服务业新增固定资产占比自2011年以来有所提高，但2013年也只有0.83%；金融业新增固定资产的占比在2003～2013年基本没发生变化，在调整中大约维持在0.25%；教育、信息传输软件技术服务业和交通运输仓储邮政业的新增固定资产占比却从2003年的3.47%、3.67%和12.32%逐年下降到2013年的1.42%、0.75%和7.44%。因此，未来应增加这5大行业的投资力度。最后，加大对特色农产品生产基地及农业龙头企业的技术创新投资。通过新技术新手段的应用，使得先进的生物技术和信息技术逐步向农业的各个领域渗透；通过工业装备的普遍运用，使得现代机械逐步取代人力畜力及手工工具，从而不断引导传统农业向现代特色农业转变。

7.1.3 拓宽固定资产投资的资金来源渠道

从资金来源上看，自筹是全社会固定资产投资资金的主要来源方式，1995～2014年该方式所筹资金平均占全社会固定资产投资总额的57.26%，且该比值呈现逐年提高的趋势，1995年为51.88%，2014年已高达69.70%；国内贷款是第二大资金来源渠道，1995～2014年该方式所筹资金平均占比为17.02%，该方式与经济联动性非常强，表现出较强的周期性；国家预算内资金在中国固定资产投资中所占的份额并不大，1995～2014年平均占比为4.62%；引进外资原本也是固定资产投资的重要方式，然而自1996年以来急剧下降，1996年该方式筹集的资金占到当年全社会固定资产投资的11.76%，2014年已经降至0.76%。

---

① 资料来源：《一线楼市“金九银十”成色难断，陷“量跌价涨”怪圈》，载于《经济参考报》2015年9月16日，网址：http：//news.fang.com/2015－09－16/17373918.htm。

基于上述认识，拓宽固定资产投资资金的来源渠道可从以下几个方面着手：（1）运用财政政策给予企业更多的政策扶持，增加企业的自有资金。比如通过降低企业项目投资资本金，可以提高其资金使用效率；提高税收优惠幅度或对符合条件的企业使用加速折旧政策等，可以减少企业的税负，增加其自身的利润积累。（2）制定更多的民间资本引导政策，最大限度地动员民间资本进入固定资产投资领域。比如，进一步放开民间资本进入的领域，包括金融、铁路、能源等垄断行业以及其他社会事业领域；搭建民办机构投资服务平台，为其提供政策咨询、信息资讯、法律咨询等服务；整合和简化民间投资的行政审批事项，简化环节、缩短时限；建立政府产业投资引导基金，吸引更多社会民间资本参与发起风险投资、私募股权和天使基金；构建民间建设项目补助体系，对符合政策导向的民办建设项目根据其性质和规模的大小设定不同的补助；加大对经营特定业务的民办机构的税费优惠力度，切实减轻其税收负担等。（3）构建多层次金融服务体系，加大金融产品和金融服务的创新力度。鼓励银行简化贷款审批的流程，不断探索和开发适合不同企业特点的信贷服务产品和担保抵押方式，提高金融服务的运行效率。完善多层次资本市场体系，鼓励更多符合条件的企业通过上市、再融资方式筹措固定资产投资所需资金；推动符合条件的重大项目单位发行中期票据、短期融资券、企业债券等；建立股权交易所，为非上市公司的股权交易提供一个交易的平台等。推动发展金融租赁、信托融资等方式筹措建设资金，以满足多元化的市场融资需求。（4）规范和引导互联网金融，实现融资方式的多元化。在“互联网+”背景下涌现出了诸多新型的融资模式，如电商平台模式、P2P模式、股权众筹模式、P2C模式等。这些新模式的共性就是利用互联网所具有的大数据、云计算及智能搜索等技术优势，对资源和信息进行了跨时间和空间的整合，使得企业融资的效率得到了极大的提升。

7.2　加大教育投资力度，拓宽教育经费来源渠道

相比于固定资产投资，我国对教育经费投入的总量较小，且教育经费增长

也较为缓慢。2012 年全国教育经费总支出 27695.97 亿元，国家财政教育经费 22236.23 亿元，而同年全社会固定资产投资为 374694.7 万元，是全国教育经费总支出的 13.52 倍，是国家财政教育经费支出的 16.85 倍。1990～2012 年全国教育总经费和国家财政教育经费的年均增长速度分别为 17.64% 和 17.32%，而同期全社会固定资产投资的年均增长速度为则达到 21.18%，比其分别高出 3.5 和 3.8 个百分点。目前，我国教育经费来源以国家财政性教育经费和事业收入为主，2011 年两种方式占据了全部经费的 96.41%，民办资金和社会捐赠经费仅仅只有 0.94%。国家财政性教育经费作为最重要的经费来源渠道，1991～2011 年的平均占比为 71.53%。1991 年该方式投入的经费在教育总经费中占比为 84.46%，之后开始逐渐下降直至 2005 年的低点 61.3%，2006 年之后开始一路上升达到 2011 年的 77.87%，整个变化轨迹呈现 U 形趋势，反映出中国政府对教育越来越重视，各级政府对教育经费投入也越来越多。事业收入是筹措教育经费的第二大来源渠道，1998～2011 年的平均占比为 24.08%，其中：学杂费收入占到事业收入的 66% 左右。从时间变化的趋势来看。该方式与国家财政教育不同，其在教育经费中的占比以 2005 年为分界点呈现出先上升，后下降的特点。除此之外，还有民办学校中举办者投入的资金、社会捐赠经费、其他经费来源等。1993～2011 年民办经费投入平均占比为 2.04%，民办经费投入占比从 1993 年的 0.31% 逐年上升至 2006 年的 5.59%，之后开始回落至 2011 年的 0.47%。事业收入和民办经费占比的变化轨迹相似，均以 2005～2006 年作为分界点，先上升后下降。这主要是因为 1999 年开始的高考扩招政策激发了更多的民间资金进入教育领域，致使居民自发性支出和民间经费在 1996～2005 年增长迅速，2006 年国家提出高等教育的发展重点要放在提高质量上，随后高校扩招速度明显放缓。社会捐赠经费 1991～2011 年平均占比为 3.72%，且呈现逐年下降的特点，1991 年为 8.59%，2011 年已经降至 0.47%，降幅较大。

基于上述现状的考虑，未来改进的重点是：继续加大对教育的投资力度，并依据各级教育的不同特点更有针对性地拓宽教育经费的来源渠道，具体从以下四个方面来进行。

7.2.1 增加政府教育投入且重点向基础教育倾斜

与世界上其他国家相比，中国公共教育经费投入总量明显不足。自20世纪70年代开始，诸如美国、法国、英国、日本、澳大利亚、马来西亚等诸多国家的教育公共支出总额占GDP的比例就已经超过了4%，而同期中国却徘徊在2%左右[①]。1993年国务院发布的《中国教育改革和发展纲要》就已提出中国财政教育经费占GDP的比例达到4%的目标，但直至2012年这一目标才实现，达到4.28%，同年美国的财政教育经费占GDP的比例为5.70%，比中国高出1.42个百分点。2012年美国财政性教育经费投入总额为9206亿美元，人均财政教育性教育经费支出为2930.7美元，按照当年12月31日的汇率折合人民币分别为57813.68亿元和18404.8元，分别是我国的2.6倍和11.21倍[②]。可见，中国与美国不管是财政教育经费总量还是占GDP权重比例上都存在着较大的差距。因此，未来应当继续逐年增加国家财政性教育经费的投入，同时秉承“优化增量”的原则合理分配经费的投向。根据政府和学生负担经费责任的不同，可将国家教育投资的模式分为三类[③]：一是以北欧高福利国家为代表的模式，如丹麦、芬兰、瑞典等，该模式下国家政府是教育投资的主体，公共教育经费在初等、中等和高等三级教育上的分配较为均衡，要求国家要有足够的财力作保证；二是以美国、日本、韩国等发达市场经济国家为代表的模式，该模式下初等、中等教育基本由国家负担，高等教育则由政府和私人共同负担，公共教育经费分配更多配置在初等和中等教育上，对国家财力的要求居中；三是以经济不发达的发展中国家为代表的模式，该模式下初等、中等教育由政府和私人共同负担，高等教育由国家负担，对国家财力的要求相对最低。我国人口众多，在国家财政教育经费有限的情况下，三级教育均衡发展并不可行。基础教育（初等教育和中等教育）的目标是将适龄儿童培养成为品德、智力、体力、基本知识、创新力等全面发展的人；高等教育的目标是培养

① 资料来源：http：//data. uis. unesco. org/。

② 资料来源：http：//www. usgovernmentspending. com。

③ 陈晓宇．我国教育经费结构：回顾与展望［J］．教育与经济．2012（1）：21-28。

某一领域的专业性人才，或服务于社会发展，或进行科学研究。相较于高等教育，基础教育更为重要。鉴于此，未来公共教育投资重点应当继续向初等教育和中等教育倾斜，保证每个适龄青少年儿童都享有均等的就学机会。在落实九年义务教育全覆盖的基础上，分区域有先后地逐步增加义务教育的年限到12年。完善九年义务教育经费保障机制，设定全国统一的最低经费拨付标准，简化经费拨付的中间环节，发布义务教育统计公告形成外部监督，保证每一个学龄儿童真正享受到教育经费的支持和帮助。增加对农村地区和薄弱地区的远程网络教育基础设施的投入，依托于远程教育网络和宽带互联网为载体，不仅可以分享丰富的教学资源，也给广大农村教师提供了改进教学内容和教学方法的平台。

7.2.2 改革高校经费管理模式

高等教育的任务是培养具有创新精神和实践能力的专业性人才，其受教育对象的差异性决定了经费来源应与基础教育不同。鉴于此，可以实施“收费+奖助”高校经费管理模式。在广泛听取各方建议的前提下对高校学生制定恰当的学费收取标准，拓宽高等院校的经费来源，缓解国家财政教育经费的不足。然而，每位学生的经济能力和家庭负担能力差异颇大，故还需建立一套以“奖、贷、助、补、减”为主要内容的奖助政策体系，如对品学兼优的学生设立奖学金制度，在鼓励学生良性竞争的同时降低学生的受教育成本；对家庭贫困的学生设立助学金、学费减免、勤工俭学补助、绿色贷款通道等制度，以确保贫困家庭学生的教育得以延续。此外，还可以积极发挥高校服务社会的功能，利用校企合作、科研合作等方式为高校筹集到更多的经费。高校拥有优秀的人才和智力优势、拥有先进的实验仪器和设备，可以将科学研究成果形成专利销售给企业；可以承接企业的科研项目进行合作研究；也可以直接为企业培养所需的专业人才或给企业在职员工提供各种专业培训等。

7.2.3 创新民间资本参与教育的模式和渠道

2012年教育部发布《关于鼓励和引导民间资金进入教育领域促进民办教

育健康发展的实施意见》，鼓励民间资本以独立办学、合作办学等多种方式参与到教育领域中。2014年国务院下发《关于加快发展现代职业教育的决定》，探索发展股份制、混合所有制院校。这些政策性的突破为民间资金进入教育领域提供了新的契机。民间资金独立办学模式的最大优点就是充分调动参与主体的积极性，只是在办学过程中受到利益驱动可能会忽略教育的公平性和教育质量。合作办学模式的最大特点是民间资本和国家财政共同投入经费。其中，最具可行性的合作模式是股份制或混合制院校，由政府和民间企业共同出资建立，实行所有权和经营权两权分离制度，民间资本股东不参与学校的管理和运作，但享有固定的股息收入，学校面向社会公开招聘校长，由校长提名并经董事会批准。该模式同时满足资本的获利性和教育的公益性要求，还可以避开民间资本独资办学中所遭遇的政策歧视。此外，还要积极探索在现有各级学校中逐步引入股份制的可行性方案。先选择某些高校作为改革的试点，对民间资金参股的形式或是改革推进的方式进行探索，先行积累若干有益的经验后再向全国范围内进行推广，然后在逐步向高中、初中和小学进行延伸。

7.2.4　培育社会捐赠文化，健全捐赠基金管理运作机制

2010年中国的社会捐赠经费总额为107.88亿元，其中：高校接受部分为29.98亿元。同年美国高校接受的捐赠总额为280亿美元，折合人民币1853.6亿元[①]，是中国的61.83倍。造成中国社会捐赠不足的原因有很多：一是学校作为受赠方，主动争取的意识不强。中国的教育长久以来都是以政府投入为主，各学校更加重视如何从政府获得更多的资金，对社会捐赠却不够重视。二是企业和社会人士受儒家文化影响参与捐赠的热情不高。中国个人信奉中庸之道，家族观念比较强，更多是希望财产的传承，很多并未有过捐赠的行为。三是对捐赠基金缺乏专业化的管理，对捐赠资金使用情况的信息披露不够公开和透明，挫败了捐赠主体的积极性。鉴于此，可从几个方面着手来增加社会捐赠

① 美国捐赠总额的资料来源：张继华，滕明兰．美国高校与社会捐赠主体关系及启示［J］．河北大学学报（哲学社会科学版）．2015（7）：16－22。

经费总额。首先是积极培育捐赠文化。树立社会捐赠的榜样，对捐赠者进行表彰提高其知名度，对其捐赠行为通过各种媒体进行宣传，增强社会人士对捐赠的认同感。其次是学校要认识到捐赠的重要性。开展“感恩学校”的主题教育活动，注重与校友感情上的联络，培养校友对母校的认同感，有意识地开展募捐活动，形成校友“感恩母校回馈母校”的传统和文化。最后是健全捐赠资金管理运作机制。设立校友会或基金会，聘请专业团队负责捐赠资金的日常管理和运营，提高资金的使用效率。建立公开透明的信息披露制度，定期地将财务状况、接受捐赠及使用情况等信息反馈给各位捐赠主体，接受捐赠人的监督。此外，还要从捐赠人中遴选出若干位组成监督委员会，不定期地检查捐赠资金的使用情况，形成有效的监督体系，保证捐赠资金切实有效地促进学校的发展。

7.3 增加医疗保健投入，改善城乡医疗服务

随着国民经济的发展，中国医疗卫生投入不断增加。1978 年中国卫生费用总额为 110.21 亿元，2013 年已达到 31668.95 亿元，占到当年 GDP 的 5.57%，人均医疗支出额为 2327.37 元。从存量上看，无论是医疗卫生投入总量还是人均医疗卫生支出，中国都低于世界平均水平和欧美发达国家。2013 年世界卫生费用占 GDP 比例平均为 9.84%，比中国高出了 4.27 个百分点；美国、法国、德国、英国、日本和韩国的占比分别为 17.10%、11.66%、11.30%、9.12%、10.30% 和 7.17%，更是比中国高出一大截。2013 年世界人均医疗支出为 1041.93 美元，美国、法国、德国、英国、日本和韩国分别是 9145.83、4863.55、5006.50、3597.92、3965.58 和 1880.04 美元，中国人均医疗支出只占到世界平均值的 1/5，是美国的 1/20、是德国的 1/14。同是金砖国家，中国医疗卫生投入也仅仅是好于印度，与巴西和俄罗斯相差较大。2013 年中国卫生总费用占 GDP 的比重只有 5.57%，比巴西（9.67%）和俄罗斯（6.55%）分别低出了 4.1 和 0.98 个百分点；中国人均医疗支出只是占到巴西（1084.58 美元）和俄罗斯（956.85 美元）的 1/3 和 3/8。从时间维度上看，中国人均医疗支出的增长速度明显高于世界平均水平、欧美发达国家和其他金

砖国家。1995～2013年中国人均医疗支出的年均增长率为16.32%，同期世界年均增长率为4.35%，美国、德国、英国分别为4.72%、2.5%和5.24%，巴西、印度和俄罗斯分别为6.71%、7.3%和11.9%。从医疗支出负担来看，中国自2001年以来居民个人负担部分逐年降低，社会[①]和政府负担部分逐年增加，当前以个人、社会和政府均衡共同负担。2001年是改革开放以来个人医疗负担最重的年份，当年个人现金卫生支出比重达到最高值59.97%；也是社会保障负担最轻的年份，当年社会卫生支出达到最低值24.1%。2002年是政府医疗负担最轻的年份，当年政府卫生支出降到15.93%。随着中国医疗保险制度改革的不断推进，三者之间比例不断调整，个人医疗负担逐年减轻，政府和社会负担却逐年加重。2013年中国政府卫生支出、社会卫生支出和个人现金卫生支出三分天下，分别占到当年卫生总费用的30.14%、35.98%和33.88%。从城乡分布来看，城镇居民的医疗保健投入明显高于农村居民；城镇居民享受的医疗服务和社会保障明显优于农村居民。2013年城市和农村卫生费用分别为23644.95亿元和8024亿元；人均卫生费用分别为3234.12元和1274.44元；居民自付的人均医疗保健支出分别为1118.3元和614.2元，城市和农村居民的医疗支出水平存在较大的差距。2013年城镇和农村地区每千人口医疗卫生机构床位数分别为7.36张和3.35张；每千人口中卫生技术人员数分别为9.18和3.64；每千人口执业医师数分别为3.39和1.48；每千人口注册护士数分别为4.00和1.22。2013年城镇职工医疗保险参保人数为2.74亿人，当年基金支出5830亿元；新型农村合作医疗保险参保人数为8.02亿人，当年基金支出仅仅为2909.2亿元。根据2008年抽样调查的数据显示，城市和农村地区公费医疗形式两周就诊率分别为190.3‰和176.6‰；无社会医疗保险形式两周就诊率分别为82.5‰和141.7‰。

基于上述现状的考虑，未来改进的重点是：以平衡城乡分布为原则，继续加大医疗保健投入，健全基本医疗保险制度，发展商业保险成为有益补充，提高城镇和农村居民的医疗支付能力。具体可从以下三个方面进行。

---

① 这里的社会负担主要是指政府支出外的社会各界对卫生事业的资金投入，包括社会医疗保障支出、商业健康保险费、社会捐赠援助等等。

7.3.1 增加政府医疗卫生投入

医疗服务兼具公共产品和私人产品的属性，每个人的医疗保健需求差异较大。在政府财力有限前提下，政府首要保障的是每个人的基本医疗需求，而超出基本需求外的医疗服务需求需要市场的参与和供给。也正因此，每个国家基本都选择政府公共医疗和私营医疗共存的医疗模式。目前，中国公共医疗占医疗卫生总支出的比重略低于世界平均水平，与欧洲高福利国家的差距较大。2013 年中国公共医疗占医疗卫生总支出的比重为 55.8%，世界平均水平为 59.57%，英国、德国、法国分别为 83.54%、76.81% 和 77.54%。尽管以市场导向为主的美国公共医疗比重为 47.09%，比中国低了 8.71 个百分点①，但是中国目前尚缺乏建立如此发达的市场医疗体系的基础，未来应当继续加大政府投入，提高公共医疗的比重。首先，提高各级政府财政用于医疗卫生领域的比重，扩大医疗支出总规模，尤其是广大农村地区。其次，调整政府医疗卫生支出方向，并适当向农村地区倾斜。我国一直以来“重医疗，轻防疫”现象突出，2012 年我国医院机构费用支出占到当年卫生费用总额的 76.6%，基层服务机构费用支出比重为 15.6%，而由防疫中心或保健院所构成的专业公共卫生机构费用比重仅占 6.7%，因此，未来不仅要加大对疾病防控和卫生保健机构的支持力度，提高居民的疾病预防和保健意识，而且还要加大对基层医疗机构的投入力度，尤其是农村地区，加强基层医疗卫生机构的基础设施建设，注重基层医疗卫生人才的培养，改善群众的医疗卫生条件。

7.3.2 健全城乡公共医疗保障制度

中国分别于 1993 年、2003 年、2005 年、2007 年启动了城镇职工医疗保险制度（职工医保）、新型农村合作医疗制度（新农合）、城乡医疗救助制度、

① 这里的公共医疗数据来源于世界卫生组织国家卫生账户数据库，用于国际间公共医疗数据的比较。这与中国统计局公共的政府公共支出不同，二者的统计范围存在较大的差异。

城镇居民医疗保险制度（城镇居民医保）的探索和试点工作，现已初步形成覆盖城乡居民的基本医疗保障体系。三种医疗保险适用于不同的人群，就参保人数来看，新农合最多，城镇居民医保次之、职工医保最少。2013年三类保险的参保人数依次为8.05亿人、2.96亿人、2.74亿人。就经费来源看，职工医保是由单位和员工分别按照职工工资总额的6%和2%（有些地区的比例更高）共同缴纳，城镇居民医保和新农合是由居民个人缴费和国家补贴组成。三种保险参保人员的缴费标准、享受的报销比例、享受的疾病保障范围和财政补贴等等存在较大的差异。因此，首先，要缩小各类保险的筹资水平差异，逐步形成城乡一体化的居民医疗保障体系。2013年城镇职工医保、城镇居民医保和新农合的人均筹资水平分别为2573元、400元和370.6元，城镇职工医保是居民医保的6.42倍，是新农合的6.94倍，城镇居民医保是新农合的1.08倍，城乡分割的壁垒依然存在。未来要继续提高城乡居民医保的筹资水平，先实现城镇居民医保与新农合的并轨，再逐步缩小城乡居民与城镇职工间的医保差异，最终形成城乡一体化的相对公平的医疗保障体系，使得身处不同空间的城乡居民享受均等的医疗服务，从而促进城乡人员的流动和融合。其次，提高各类保险的报销比例，降低个人的医疗负担比例。2013年职工医保、城镇居民医保和新农合的报销比例分别达到73%、57%和57%①，职工医保的报销比例明显高于城镇居民医保和新农合。尽管如此，2013年全国职工基本医疗保险基金收入7062亿元，基金支出5830亿元，年末累计结余8129亿元，这意味着即便没有基金收入，医保基金的结余仍可应付未来17个月的支出额。医保基金的大量结余是由于医保报销制度中设置了医保目录、支付封顶线等，这是以牺牲参保人的利益为代价。未来应当扩大可报销的医疗服务范围，提高医保支付的封顶线，提升医疗保险的支付水平，降低个人的支付比例。

7.3.3 积极发展商业健康保险

现行的公共医疗保障体系的特点是“宽覆盖、低水平”，其目的是保障城

① 资料来源：http://www.zghotnews.com/shows.asp?id=67889，环球资讯网，李斌：明年继续提高城乡居民医保的筹资水平。

乡居民的基本医疗服务，对超过基本医疗服务水平的部分并无法满足。而商业健康保险则具有个性化和差异化的特点，针对客户自身条件和不同的需求偏好制定特殊的合同条款，保险费率因被保险人的身体状况、保障范围和保险金额而不同，全部费用由投保人承担。比如，重大疾病险保障被保险人罹患某种重大疾病后获得一定金额的经济补偿；长期护理险保障被保险人发生的护理费用得到补偿等。通过商业健康保险，可以补充参保人员的基本医疗保险，满足被保险人多样化的医疗需求，提高其医疗保障的水平。然而，我国社会公众对商业健康保险的购买意愿并不强，商业保险赔付在卫生费用支出中占比极低。2013 年我国健康险保费收入为 1123. 5 亿元，仅仅占到全国保险总收入的 6. 52%，占到人身险保费收入的 10. 2%。2013 年我国商业健康险赔付支出为 411. 13 亿元，占到当年卫生总费用的 1. 3%，而德国、加拿大、法国的平均水平在 10% 以上，美国则高达 37%①。因此，未来应积极发展商业健康保险。首先，要强化人们的健康风险防控意识，加大商业健康保险知识的宣传力度，更新社会公众的传统观念。其次，强化保险公司的产品研发意识，以被保险人的年龄、性别、保险需求、疾病种类及严重程度等因素为细分变量，开发出更多的商业健康保险产品。再次，加强保险公司与医疗机构和健康管理组织的信息共享和合作，降低其赔付成本。保险公司基于医疗机构和健康管理组织积累的健康数据可以有效地进行产品定价；通过与医疗机构和健康管理机构的合作可以控制病人的医疗诊治环节，降低“过度医疗”的道德风险，可以尝试引入国外的“实物给付”方式，通过第三方的健康管理机构提供专业的医疗和护理服务，有效地控制赔付成本。最后，通过税收减免鼓励健康保险产品的供给和消费。对保险公司销售健康保险的保费收入，政府免征营业税；对销售健康保险取得的利润贡献，政府免征企业所得税；对企业投保补充医疗保险的保费支出，允许其在税前列支；对投保人缴纳的健康保险的保费，政府免征个人所得税。

① 资料来源：http：//business. sohu. com/20150713/n416644435. shtml，经济参考报，《医疗费用五年来年均增长近两成达 7083 亿元》。

7.4　加大技术创新力度，提高全要素生产率

7.4.1　不断提高研发投入强度

随着研发投入的迅速增长，中国的科技实力不断增强。2001年中国研发费用支出960亿元，2014年已高达13312亿元，年均增长率高达19.16%，其中，基础研究经费626亿元，占到当年研发投入的4.7%。2001年研发投入强度（研发支出与国内生产总值之比）为0.95%，2014年已经达到2.09%。然而，与世界平均水平或美欧日等发达国家相比，中国的研发投入强度仍然较低。2011年世界平均研发投入强度为2.13%，中国却只有1.84%，比世界平均水平低0.29个百分点。2013年OECD国家研发投入强度平均水平为2.36%，美国、德国、法国、日本、韩国分别为2.73%、2.85%、2.23%、3.47%、4.15%，中国只有2.08%，差距依旧很大。因此，未来应当不断提高研发投入强度，加大科技创新的力度。首先，要增加政府研发投入预算，投入应向基础研究倾斜。2013年中国研发经费支出中企业贡献78.9%，政府贡献只有21.1%，比同期OECD国家政府贡献的平均水平（28.3%①）低7.2个百分点。未来要不断提高研发投入在政府预算中的比重，使得中国政府研发投入贡献达到OECD国家平均水平。同时，还需调整研发投入结构，加大国家财政对基础研究投入的力度。基础研究是产业核心技术创新的源泉。虽然基础研究投入不能在短期内为国家或企业带来较高的收益，但该类投资是取得突破性创新的根基，是应用研究和试验发展的先决条件和催化剂。一直以来，我国基础研究的占比都没有突破6%，2013基础研究比重为4.7%，同期美国、日本、

① 资料来源：OECD《主要科学技术指标》数据库2014年第2期，网址：http://www.oecd-ilibrary.org/science-and-technology/main-science-and-technology-indicators_2304277x。

韩国基础研究的比重分别为 17.58%，12.68% 和 18.07%[①]，我国基础研究投入比重与这些国家相比差距悬殊。基础研究具有公共物品的一些特性，更多需要政府投入和支持。其次，鼓励企业或其他单位积极进行研发创新活动。建立研发服务平台，为企业提供科技信息、专家咨询和技术指导等服务。通过无偿资助或是提供贷款贴息等方式，为企业技术创新活动提供资金支持。通过税收优惠措施，如浙江省实施的“足额享受技术开发费 150% 抵扣企业应纳所得税额政策”等，提高企业研发创新的主动性。完善研发成果奖励制度，依据其对社会科学技术贡献的大小设置不同的奖励金额，形成良性的创新激励机制。

7.4.2 加强研究人员的培养

研究人员是国家或企业创新活动的主体，是创新的源泉和发展的动力。中国研究人员的覆盖率低于世界平均水平或美欧日等发达国家。2010 年世界每百万人中研究人员数为 1277 人，同期我国只有 890 人，少了 387 人；2011 年美国、德国、法国、日本、韩国每百万人中的研究人员数分别为 3979 人、4085 人、3918 人、5158 人、5928 人，中国只有 963 人，差距颇大。研究人员的培养要依赖于高等教育和具有研发实践的企业。首先，各类各级高校未来应当切实做到“以生为本”，注重教学工作，鼓励教师积极探索教学模式的改革，培养学生主动学习、主动思考的习惯，以启发、引导和挖掘蕴藏在大学生中的研究潜力。尤其是研究型大学，可以将本科学生作为科研的资源，以项目为平台集成教学和科研过程，既让学生掌握了相关知识，又培养了学生研究问题的能力。其次，具有研发实践的企业，除了依据企业的长期发展战略引进恰当的研究人员外，更重要的是对研究人员进行有效地管理。研究人员从事的是创造性的工作，需要耗费较多的脑力和承受较大的压力，更需要大家彼此的协作。鉴于此，企业要为他们提供相对宽松自由的工作环境，以便他们更好地发挥主观能动性。同时，组建研究人员学习小组，定期地分享和传递彼此的技术

---

① 资料来源：OECD《主要科学技术指标》数据库，2015 年第 1 期，网址：http：//www.keepeek.com/Digital－Asset－Management/oecd/science-and-technology/international-comparisons_msti-v2015－1－5－en#page3。OECD 中有些国家 2013 年基础研究数据缺失，故选择几个国家做代表进行比较。

知识，随时就研究过程中的问题进行自由讨论，形成良好的团队合作氛围。此外，企业还要给研究人员提供更多的学术培训或深造的机会，以便他们及时更新技术或知识；企业还应完善薪酬激励机制，以调动研究人员的工作积极性。

7.4.3 强化职业教育培训

2014年中国60周岁以上人口21245万人，比2013年增加了1002万人，占总人口的比重也从原来的14.9%提高到15.5%。同时，中国的劳动年龄人口自2012年以来却连续三年下降，2014年降至91583万人，在总人口中的比重也降至67%。为了应对老龄化社会伴随的劳动年龄人口数量减少，未来应加强职业教育培训，不断提高劳动者的素质。首先，创新职业院校培养模式，深化校企合作。职业院校要积极与市场对接，专业设置要与市场需求吻合，教学内容要与国家职业标准对接，强化实践教学，提升学生的理论和技能水平。此外，还要不断创新校企合作模式，如联合企业共同组建研究团队，学校老师带学生、企业师傅带徒弟，共同协作攻克生产过程中的技术难题；联合企业共同举办专题讨论班，由学校教师讲解理论知识，企业工程技术人员讲解现场实操知识，由企业工作能手指导实操训练，三种师资的合作有效帮助学生理论和技能的双提升等。其次，加强企业职工培训，提高职工技能水平。企业要主动承担培训职工的职责，从内部和外部两个方面加强培训体系的建设，为职工提供更多的培训机会。内部培训由企业管理人员或是聘请外部知名专家作为培训师，定期地对企业的各层次员工进行岗位培训、技术知识培训等。外部培训由企业给员工提供培训的机会和经费支持，或是参加外部管理顾问公司、高校或是培训机构的课程培训，或是采用企业新型学徒方式联合高校共同培养签约新员工，即组织有培训需求的新员工参加新型学徒培训，企业培养采取导师带徒方式、学校培养采用工学一体化教学方式，对签约员工进行专业知识、操作技能、职业素养等方面的培训。此外，还广泛开展职工技能竞赛或技能交流等活动，不仅可以分享优秀员工的成功经验，为员工搭建相互学习的平台，还可以通过奖励对优秀员工形成良性激励。最后，规范和引导社会培训机构的发展，服务更多劳动力的培训。政府应加强对社会培训机构的办学资质、办学条件、办学质量的监督和管理，有效地提高被培训对象的业务素质。同时，还应积极建立定点培训机构，给予这些机构财政补贴和税收减免优惠，引导其重点服务于新成长的劳动力、农民工、失业人员或外来务工人员等的技能培训。

7.4.4 提高技术创新的产出效率

衡量技术创新产出的指标并不唯一，如专利申请数、专利授权数、每百万人口的专利申请数、科技论文发表数、科技成果登记数、国家技术发明奖、国家科学技术进步奖等。专利分为发明、实用新型和外观设计三类，其中，发明专利①是指产品、方法或者其改进所提出的新的技术方案，其技术创新程度最高。以发明专利为例，2015 年美国和日本的专利申请量为 58.94 万件和日本 31.87 万件，中国发明专利申请数为 110.18 万件，成为世界上第一个专利申请量破百万的国家；同年，中国发明专利授权量 35.93 万件，通过率为 32.61%，仍超过日本当年的专利申请量。尽管国内专利申请和授权数量庞大，但在国际专利上中国仍然落后于美国和日本。专利申请人可以通过 PCT 途径递交国际专利申请，故 PCT 专利申请被视为检验国家科技创新实力的指标之一。世界知识产权组织的统计数据显示②：2015 年全球提交的 PCT 申请为 21.72 万件，其中，中国 PCT 专利申请量为 2.98 万件，美日两国分别为 5.69 万件和 4.41 万件，中国约为美国的一半，日本的七成；从人均 PCT 来③看，中国的每百万人口拥有 21.72 件，美国、日本、法国和英国分别为 178.44 件、348.51 件、131.88 件和 81.62 件，世界人均 PCT 为 29.71 件，高收入国家人均 PCT 为 153.63 件，中国人均 PCT 申请量低于世界平均水平，大约是美国的 1/8、日本的 1/16、高收入国家的 1/7，这说明中国和美日等高收入国家在国际专利申请密度上存在较大的距离。那么，如何提高我国技术创新的产出呢?

---

① 专利类型分为：发明、实用新型和外观设计三类。发明型专利是指对产品、方法或者其改进所提出的新的技术方案；实用新型，是指对产品的形状、构造或者其结合所提出的适于实用的新的技术方案；外观设计，是指对产品的形状、图案或者其结合以及色彩与形状、图案的结合所作出的富有美感并适于工业应用的新设计。

② 资料来源于：搜狐财经，网址：http：//business. sohu. com/20161202/n474702014. shtml。

③ 资料来源于：http：//bbs. tianya. cn/post-worldlook – 1695334 – 1. shtml。

除了增加创新的经费和人员投入外，还可以依靠技术创新过程中的效率改善。技术创新的渠道有两个：一是直接购买或者引进外来先进技术的消化吸收再创新；二是依靠企业内部的自主创新，而技术创新过程中效率改善的具体路径选择也因其来源渠道而各异。首先，强化技术引进的消化吸收再创新，扩大技术的溢出效应。引导企业在引进国外先进前沿技术或利用外商直接投资企业的研发活动的技术溢出基础上，结合中国的市场需求，进行有意识的消化，组织相关技术人员对所引进技术的设计理念、生产工艺及流程进行钻研、讨论和思考，进行有目的的改良和创新，付诸实践后再与企业生产现场的员工进行交流和反馈，再行改造，如此不断反复，在继承基础上创新，以此提升技术引进的生产效率。其次，强化企业自主创新意识，多举措提高企业自主研发创新的效率。在研究团队组建方面，可以在企业原有技术积累的基础上，以企业为核心，联合具有雄厚科研能力的大学和科研院所以及其他具有不同优势的企业，确定研究专题和主题，集合科技资源共同合作进行企业相关技术的开发和研究，并迅速实现新技术和新成果的市场化。在技术开发过程中，从制度上保障企业研发资金的投入，对企业核心技术人才实行合理的创新激励制度，包括完善的科研基础设施、良好宽松的科研环境、常态化的人才培训机制、与创造价值挂钩的薪酬制度、合理的职位晋升制度等，主动融入“中国制造业2025”规划和“互联网+”战略，积极跟踪研究国际产业前沿，找准技术攻关的切入点和主攻方向，并依托企业技术开发的具体内容对研发、设计和制造的各个流程进行再造，形成以流程为导向的管理模式，从而为企业自主创新提供持续性的源泉。最后，政府要为企业营造良好的创新环境。比如建立科技创新型企业目录，并将目录内的创新企业的产品列入政府优先采购支持范围；对企业自主创新的研发支出给予所得税优惠；建立“自主创新产业化专项资金”，对达到一定条件的创新型企业给予特定的技术创新补贴；建立常态化的自主创新企业表彰机制，对区域内表现良好的企业给予不同程度的奖励；以贷款贴息、创业投资引导等方式支持企业开展新技术、新产品和新工艺的研究；建立技术信息和技术培训等公共服务平台，组织企业创新与发展成果展览会，为企业的创新技术和产品提供合作的平台。此外，政府还应积极推动技术创新成果的产业化。技术创新的结果形成专利成果，该成果只有实施了才能转化为经济效益。

目前中国的专利成果转化率较低，以中科院为例，其有效发明专利平均维持时间是5.2年，维持10年以上的仅占5.5%，维持5年以下的占比接近62.4%[①]。为此，各级政府应建立“专利技术实施与产业化计划项目资金[②]”，支持企业将高投入、高风险但有良好市场前景的专利技术和产品进行市场化开发和推广，提高专利成果转化的成功率。

7.5 本章小结

已经形成的资本结构无法变更，只能在未来资本扩张的过程中逐步调整两种资本的配置结构逐步趋近于最佳配置状态。为减少两种资本错配的效率损失，本章从四个方面提出相关的政策建议。一是减缓固定资产投资总量增长速度，持续优化固定资产投资结构，不断提高固定资产使用效率和创新融资方式。二是继续加大对教育的投资力度，并依据各级教育的不同特点更有针对性地拓宽教育经费的来源渠道。三是以平衡城乡分布为原则，继续加大医疗保健投入，健全基本医疗保险制度，发展商业保险成为有益补充，提高城镇和农村居民的医疗支付能力。四是不断提高研发投入强度，加强研究人员的培养，强化职业教育培训，提高劳动者的素质，同时提高技术创新的产出效率，提高全要素生产率。

① 网易财经，倪光南，《国内专利成果转化率低》，http：//money.163.com/16/0704/20/BR5HQTF400253B0H.html。

② 福建省知识产权局，《福建省专利技术实施与产业化计划项目管理办法（暂行）》http：//www.fjipo.gov.cn/html/9/40/2578_2010927358.html。

第8章　结　论

8.1　研究总结

潜在产出是宏观经济研究的重要概念，对其含义的理解大体有两种：一是趋势产出，是剔除掉暂时性冲击影响后的实际产出的趋势值，二是最大化产出，是一国资源或生产要素充分利用条件下达到的最大化产出水平。实物资本和人力资本作为两种重要的生产要素，其充分利用并不意味着生产要素配置也达到合理状态。通过数理推导证明，当实物资本存量与人力资本存量达到二者的产出弹性之比时产出实现最大化，此时两种资本的比例称为最佳配置比例，那么最大化产出的极致状态是各种要素充分利用且其比例同时达到最佳配置比例。然而，生产要素利用率的估计本身较为复杂，为使问题简单化，本书假定在当前生产要素利用率条件下，当实物资本与人力资本达到最佳配置比例时达到的产出水平，定义为"潜在产出"，这种界定是对前面"最大化产出"概念含义的拓展和延伸，由此计算出的增长率定义为潜在增长率。对潜在产出的测度不仅能准确地判断经济体运行的最大限度，更能为未来宏观经济发展战略以及当前宏观经济政策的制定提供决策参考。

本书以曼昆等（1992）提出的生产函数模型为基础，首先从数理上推导了潜在产出实现的条件，即最佳配置比例的表达公式，然后分别估算了我国的实物资本存量与人力资本存量，基于这些基础数据对我国历年的潜在产出和潜在损失进行了测算，并对2016～2020年的潜在产出及潜在增长率进行了预测，得到的结论如下：

第一，实物资本和人力资本作为两种重要的生产要素，在两种资本总量之和保持不变的条件下，它们的最优配置比例为实物资本与人力资本的产出弹性之比，这时可以保证产出达到最大。无论生产函数属于规模报酬不变、规模报酬递增还是规模报酬递减，这一结论始终成立。

第二，基于永续盘存法测算了中国的实物资本存量。折旧率是永续盘存法中的关键变量，它的微小变动对实物资本存量估值的影响较大。与以往文献不同，本书以国家统计局公布的11个年份的“中国投入产出表”中折旧额数据为校准点，采用平均折旧率这一概念，对有投入产出表年份之间时段的平均折旧率进行了测算得到各时段的平均折旧率分别为5.0%、5.1180%、6.2631%、7.0236%、7.2990%、7.5040%、7.8521%、7.4554%、7.4289%、6.6304%、6.0365%，呈现出先上升再下降的规律性特征。只要是基于固定资本形成额数据，采用永续盘存法估算实物资本存量，且保证估算所得的资本存量序列满足11个校准点年份的折旧额数据，那么上述测算所得的平均折旧率序列就是一条中心轴线，通过其他方法获得的折旧率序列必将围绕其上下波动，而任何一致地偏离平均折旧率的取值都会造成系统性误差。在此基础上，经测算，我国的实物资本存量1952年仅为6500.3亿元（2000年价），2015年已高达1376043.3亿元，年均增长率为10%；劳均实物资本存量1952年为3135.84元，2015年已达到177666.31元，年均增长率为7%；资本产出比在1952～2015年波动较为频繁，其中：1952～1970年与2007～2015年这一时段变化幅度较为剧烈，其余时段变化较为平缓，而2007～2015年这一时段资本产出比不断攀升的趋势说明单位实物资本的产出效率在持续下降。

第三，基于成本加权法测算了中国的人力资本存量。人力资本的人身依附性决定了对其折旧的理解应与实物资本不同。如果劳动者本身有着良好的自我管理模式，注重自我学习和能力的提升，形成自主锻炼和自我保健的习惯，那么人力资本不仅不会折旧，反而有升值的可能。为了避开有关人力资本折旧的争论，本书选择了成本加权法，考虑了教育投资时滞还原不同学历层次劳动力形成的实际教育成本，然后以教育、医疗保健与文教娱乐投资成本之和为权重，估算了中国1978～2013年的人力资本存量。在此基础上，经测算，中国的人力资本存量1978年仅为3212.7亿元，到2013年已经达到101255.6亿元，35年间增长了31.52倍，年均增长率达到10.36%；劳均人力资本存量1978年仅为800.13元，到2013年已经高达13154.01元，35年间增长了16.44倍，年均增长率为8.33%，比人力资本存量增长率低2.03个百分点；人力资本产出效率波动较大，尤其是自2008年金融危机之后，产出效率急剧下降。

第四，以MRW生产函数模型为基础，利用1978～2013年各生产要素的基础数据对中国的潜在产出、潜在经济增长率及潜在损失进行了测算，结果显示：劳均实物资本的产出弹性为0.622，劳均人力资本的产出弹性为0.2868，两种资本的产出弹性之比为2.17，远远低于两种资本存量之比9.78；潜在产出曲线明显位于实际产出曲线之上且两条曲线的差距越来越大，表明潜在损失为正且绝对额越来越大，1978～2013年这一时段潜在损失累计达到766459.15亿元。

第五，基于对2016～2020年实物资本、人力资本、劳动力人数及全要素生产率序列的预测，预测了中国2016～2020年的潜在产出、潜在经济增长率及潜在损失。结果显示：2016年潜在产出预测值为527724.33亿元，2020年已达到668174.7亿元；2016～2020年潜在经济增长率平均达到6.19%，同期的实际经济增长率平均为6.21%，前者比后者低0.03%；2016～2020年潜在损失累计达到571150.1亿元，年均增长率为5.98%，占到1978～2015年潜在损失累计额的60%。这说明：如果不调整实物资本与人力资本投资的比例，未来由于资本配置失衡造成的效率损失只会越来越大。

8.2 研究展望

本书后续的研究方向有四个：

一是测算现有生产要素利用率，包括实物资本利用率和人力资本利用率。然后在此基础上采用加入要素利用率后的生产函数测算两种资本的产出弹性，进而测算当生产要素利用率达到100%且两种资本达到最佳配置比例时的潜在产出、潜在增长率及潜在损失。本书已经给出了生产要素现有利用率水平下两种资本最佳配置时潜在增长率的测算方法。后续将围绕生产要素利用率的测度开展相关的研究，既要考虑实物资本的利用率，又要考虑人力资本的利用率。如此测算得到的潜在产出、潜在增长率、潜在损失将更加全面。

二是修正初始资本存量的确定方法和考虑实物资本的异质性问题，从而更为精确地估算我国的实物资本存量。永续盘存法测算实物资本存量时使用的变量有四个：初始资本存量、历年投资额、固定资产投资价格指数及折旧率。本书估算实物资本时最大的改进就是针对永续盘存法中的关键变量——折旧率或折旧额进行估算时采用了校准额，通过平均折旧率这一指标保证了估算所得的折旧序列与投入产出表年份公布的折旧额数据是吻合的。然而，初始资本存量的变化对实物资本存量估算还有一定的影响。同时，本书假定资本品是同质的，如果考虑实物资本的异质性问题，不同资本品的生产效率和磨损程度会出现较大的差异，平均折旧率的选择就不够细致，且不同资本品的投资额与投资价格指数序列也将存在较大的差异。后续将围绕这两点开展相关的研究。

三是完善人力资本存量的估算方法。本书人力资本存量估算的最大改进就是将人力资本投资范围扩大至教育、医疗保健和文教娱乐支出，同时考虑了教育投资过程存在的时滞现象。然而，人力资本的投资成本除了上述三种之外，还包括忽略掉的迁移成本和机会成本，同时在教育投资成本反推过程中，采用某一年龄阶段的代表性劳动力表示，并假定该劳动力是一次获得最终学历后就业，这些假定与现实情况存在一些偏差。此外，本书的估算着眼于全国人力资本存量的估计，同样的思路可以推广到各省人力资本存量的估计，从而研究人力资本存量的空间分布和地区差异。后续将围绕这两点开展相关的研究。

四是在考虑人力资本的利用率时，要把失业人员的人力资本也包括进去。目前在本文的人力资本测算中，只计算了正在就业的劳动者所具有的人力资本，未包括失业人员。显然，失业人员只要接受过教育就有人力资本，失业人员的人力资本也是全体劳动者的人力资本的一部分，只是未得到利用。全部劳动者的人力资本显然也包含有失业人员的人力资本。

附　　录

附表 1　　　　实物资本存量估算所需原始数据（1952～2015 年）

年份	固定资本形成总额（当年价，亿元）	固定资本形成总额指数（1978＝100）	投入产出表折旧额（当年价，亿元）	国内生产总值（当年价，亿元）	国内生产总值指数（1978＝100）
1952	80.7	7.6		679.0	21.2
1953	115.3	11		824.2	24.5
1954	140.9	13.5		859.4	25.6
1955	145.5	14.5		910.8	27.3
1956	219.6	22		1029.0	31.4
1957	187	19.6		1069.3	33.0
1958	333	34.7		1308.2	40.0
1959	435.7	41.9		1440.4	43.5
1960	473	45.6		1457.5	43.4
1961	227.6	22.4		1220.9	31.5
1962	175.1	16		1151.2	29.8
1963	215.3	18.8		1236.4	32.8
1964	290.3	25.9		1455.5	38.8
1965	350.1	32.3		1717.2	45.4
1966	406.8	38.3		1873.1	50.3
1967	323.7	30.3		1780.3	47.4
1968	300.2	29.1		1730.2	45.5
1969	406.9	40.4		1945.8	53.2
1970	545.9	54.2		2261.3	63.5
1971	603	59.3		2435.3	68.0
1972	622.1	60.4		2530.2	70.5
1973	664.5	64.4		2733.4	76.1

续表

年份	固定资本形成总额（当年价，亿元）	固定资本形成总额指数（1978＝100）	投入产出表折旧额（当年价，亿元）	国内生产总值（当年价，亿元）	国内生产总值指数（1978＝100）
1974	748.1	72.4		2803.7	77.8
1975	880.3	84.2		3013.1	84.6
1976	865.1	82.2		2961.5	83.2
1977	911.1	85.3		3221.1	89.5
1978	1108.7	100		3678.7	100
1979	1194.1	105.1		4100.5	107.6
1980	1345.8	117		4587.6	116
1981	1381.9	114.8		4935.8	122
1982	1558.6	125.9		5373.4	132.9
1983	1742.6	140.9		6020.9	147.3
1984	2192.1	168.7		7278.5	169.6
1985	2844.1	195.9		9098.9	192.4
1986	3299.7	216.3		10376.2	209.6
1987	3821.4	248.7	1201.5	12174.6	234.1
1988	4842.0	271.1		15180.4	260.4
1989	4518.6	234.8		17179.7	271.3
1990	4636.1	243.3	1961.8	18872.9	281.9
1991	5794.8	282		22005.6	308.1
1992	8461.0	350	3537.4	27194.5	351.9
1993	13574.4	437.5		35673.2	400.7
1994	17187.9	515.8		48637.5	453
1995	20357.4	587	7595.7	61339.9	502.6
1996	23319.8	650.4		71813.6	552.5
1997	25363.2	690.7	10312.2	79715	603.5
1998	28751.4	759.8		85195.5	650.8
1999	30241.4	815.3		90564.4	700.7
2000	33527.7	894.4	14605.5	100280.1	760.2
2001	38064	993.7		110863.1	823.6
2002	43796.9	1145.7	18740.6	121717.4	898.8
2003	53964.4	1373.7		137422	989

续表

年份	固定资本形成总额（当年价，亿元）	固定资本形成总额指数（1978 = 100）	投入产出表折旧额（当年价，亿元）	国内生产总值（当年价，亿元）	国内生产总值指数（1978 = 100）
2004	65669. 8	1574. 3		161840. 2	1089
2005	75809. 6	1766. 4	28010. 3	187318. 9	1213. 1
2006	87223. 3	2062		219438. 5	1367. 4
2007	105052. 2	2345. 5	37255. 5	270232. 3	1562
2008	128001. 9	2653. 9		319515. 5	1712. 8
2009	156734. 5	3326. 2		349081. 4	1873. 8
2010	185827. 3	3762. 6	55291. 9	413030. 3	2073. 1
2011	219671	4095. 3		489300. 6	2270. 8
2012	244600. 7	4623. 2	71682. 0	540367. 4	2449. 2
2013	270924. 2	4975. 2		595244. 4	2639. 2
2014	290053. 1	5299. 5		643974	2831. 8
2015	301503	5610. 1		689052. 1	3027. 6

附表 2　　以 2000 年为基期的实物资本估算所需数据（2000 年价）

年份	固定资本形成总额指数	固定资本形成平减指数	固定资本形成总额（亿元）	投入产出表折旧额（亿元）	国内生产总值指数	国内生产总值（亿元）
1952	0.8	28.1	287.6		2.8	2767.9
1953	1.2	27.7	416.2		3.2	3198.8
1954	1.5	27.6	510.8		3.4	3342.4
1955	1.6	26.5	548.7		3.6	3564.4
1956	2.5	26.4	832.5		4.1	4099.7
1957	2.2	25.2	741.7		4.3	4308.6
1958	3.9	25.4	1313.1		5.3	5222.5
1959	4.7	27.5	1585.5		5.7	5679.5
1960	5.1	27.4	1725.5		5.7	5666.4
1961	2.5	26.9	847.6		4.1	4112.7
1962	1.8	28.9	605.4		3.9	3890.8
1963	2.1	30.3	711.4		4.3	4282.5
1964	2.9	29.6	980.1		5.1	5065.8
1965	3.6	28.6	1222.2		6.0	5927.5
1966	4.3	28.1	1449.3		6.6	6567.3
1967	3.4	28.2	1146.6		6.2	6188.7
1968	3.3	27.3	1101.2		6.0	5940.6
1969	4.5	26.6	1528.7		7.0	6945.9
1970	6.1	26.6	2050.9		8.4	8290.7
1971	6.6	26.9	2243.9		8.9	8878.3
1972	6.8	27.2	2285.6		9.3	9204.7
1973	7.2	27.3	2436.9		10.0	9935.8
1974	8.1	27.3	2739.6		10.2	10157.8
1975	9.4	27.6	3186.2		11.1	11045.6
1976	9.2	27.8	3110.5		10.9	10862.8
1977	9.5	28.2	3227.8		11.8	11685.4
1978	11.2	29.6	3748.6		13.2	13191.3
1979	11.8	30.3	3939.8		14.2	14193.8
1980	13.1	30.7	4385.9		15.3	15301.9
1981	12.8	32.1	4303.4		16.0	16093.4
1982	14.1	33.0	4719.5		17.5	17531.2
1983	15.8	33.0	5281.8		19.4	19430.8
1984	18.9	34.7	6323.9		22.3	22372.4

续表

年份	固定资本形成总额指数	固定资本形成平减指数	固定资本形成总额（亿元）	投入产出表折旧额（亿元）	国内生产总值指数	国内生产总值（亿元）
1985	21.9	38.7	7343.6		25.3	25380.0
1986	24.2	40.7	8108.3		27.6	27648.9
1987	27.8	41.0	9322.8	2931.2	30.8	30880.8
1988	30.3	47.6	10162.5		34.3	34350.1
1989	26.3	51.3	8801.8		35.7	35787.9
1990	27.2	50.8	9120.4	3859.4	37.1	37186.2
1991	31.5	54.8	10571.1		40.5	40642.3
1992	39.1	64.5	13120.2	5485.3	46.3	46420.1
1993	48.9	82.8	16400.2		52.7	52857.5
1994	57.7	88.9	19335.4		59.6	59756.5
1995	65.6	92.5	22004.4	8210.2	66.1	66299.4
1996	72.7	95.6	24381.1		72.7	72881.8
1997	77.2	98.0	25891.8	10527.1	79.4	79609.4
1998	85.0	100.9	28482.1		85.6	85848.8
1999	91.2	98.9	30562.5		92.2	92431.3
2000	100.0	100.0	33527.7	14605.5	100.0	100280.1
2001	111.1	102.2	37250.1		108.3	108643.4
2002	128.1	102.0	42948.0	18377.4	118.2	118563.2
2003	153.6	104.8	51494.9		130.1	130461.7
2004	176.0	111.3	59014.6		143.3	143653.0
2005	197.5	114.5	66215.7	24465.5	159.6	160023.4
2006	230.5	112.8	77296.6		179.9	180377.5
2007	262.2	119.5	87924.0	31181.2	205.5	206047.8
2008	296.7	128.7	99484.8		225.3	225940.2
2009	371.9	125.7	124686.8		246.5	247178.2
2010	420.7	131.7	141045.8	41967.4	272.7	273468.4
2011	457.9	143.1	153517.4		298.7	299547.6
2012	516.9	141.1	173306.4	50788.7	322.2	323080.8
2013	556.3	141.5	191402.3		347.2	348144.2
2014	592.5	142.3	203878.7		372.5	373550.6
2015	627.3	139.7	215829.1		398.3	399379.2

附表 3　**1952～2015 年的全国从业人员总数**　单位：万人

年份	全国从业人员数	城镇从业人员数	农村从业人员数
1952	20729	2486	18243
1953	21364	2754	18610
1954	21832	2744	19088
1955	22328	2802	19526
1956	23018	2993	20025
1957	23771	3205	20566
1958	26600	5300	21300
1959	26173	5389	20784
1960	25880	6119	19761
1961	25590	5336	20254
1962	25910	4537	21373
1963	26640	4603	22037
1964	27736	4828	22908
1965	28670	5136	23534
1966	29805	5354	24451
1967	30814	5446	25368
1968	31915	5630	26285
1969	33225	5825	27400
1970	34432	6312	28120
1971	35620	6868	28752
1972	35854	7200	28654
1973	36652	7388	29264
1974	37369	7687	29682
1975	38168	8222	29946
1976	38834	8692	30142
1977	39377	9127	30250
1978	40152	9514	30638
1979	41024	9999	31025
1980	42361	10525	31836
1981	43725	11053	32672
1982	45295	11428	33867
1983	46436	11746	34690
1984	48197	12229	35968
1985	49873	12808	37065

续表

年份	全国从业人员数	城镇从业人员数	农村从业人员数
1986	51282	13292	37990
1987	52783	13783	39000
1988	54334	14267	40067
1989	55329	14390	40939
1990	64749	17041	47708
1991	65491	17465	48026
1992	66152	17861	48291
1993	66808	18262	48546
1994	67455	18653	48802
1995	68065	19040	49025
1996	68950	19922	49028
1997	69820	20781	49039
1998	70637	21616	49021
1999	71394	22412	48982
2000	72085	23151	48934
2001	72797	24123	48674
2002	73280	25159	48121
2003	73736	26230	47506
2004	74264	27293	46971
2005	74647	28389	46258
2006	74978	29630	45348
2007	75321	30953	44368
2008	75564	32103	43461
2009	75828	33322	42506
2010	76105	34687	41418
2011	76420	35914	40506
2012	76704	37102	39602
2013	76977	38240	38737
2014	77253	39310	37943
2015	77451	40410	37041

附表 4　　1997～2012 年不同年龄阶段不同学历的就业人员数　　单位：人

年份	年龄阶段	未上过学	小学	初中	高中	大学专科及以上
1997	16～19 岁	1193922	12217802	23560061	2706223	119392
	20～24 岁	2597304	23962224	43148760	11310840	2764872
	25～29 岁	4314178	36845410	55268116	14691524	5480172
	30～34 岁	5038211	33206392	54389780	16374186	5496230
	35～39 岁	4890193	19992259	27255633	17043760	2804669
	40～44 岁	9869755	34024682	28137460	11774445	2857034
	45～49 岁	10479982	31970578	16980224	4974675	1989870
	50～54 岁	9848111	21420776	9439664	3086044	1543022
	55～59 岁	10274013	13573008	4461498	1885140	1225341
	60～64 岁	10324283	8982343	1536738	476172	324663
	65＋岁	12189176	6661526	992142	283469	121487
1998	16～19 岁	1147145	11963082	25073310	2622045	122908
	20～24 岁	2273805	21640351	41085305	10741769	2665840
	25～29 岁	4155575	34255413	54920974	13702165	5278703
	30～34 岁	4972845	34583875	54475254	14014381	4972845
	35～39 岁	4630255	21039230	33792741	18358556	3330535
	40～44 岁	9470303	31451831	29192859	13814478	2954039
	45～49 岁	11513831	32916842	18860079	5297775	2048473
	50～54 岁	10411894	22622206	9560012	3123568	1609111
	55～59 岁	10108155	14049699	4799784	1780052	1048959
	60～64 岁	10138529	9262630	1708003	437949	328462
	65＋岁	12608705	7289738	974791	211911	105956

续表

年份	年龄阶段	未上过学	小学	初中	高中	大学专科	大学本科	研究生
1999	16～19岁	1058059	10295729	26288699	2889315	122084		
	20～24岁	2078993	17819942	40614619	10691965	3044240		
	25～29岁	3823149	31131354	54288712	13981801	6007805		
	30～34岁	4881208	35417136	55169000	12600327	5448790		
	35～39岁	4789110	23761351	40615333	18695947	4328618		
	40～44岁	8128207	28571879	28079260	14368043	2955712		
	45～49岁	11351646	34584681	21341094	6054211	2346007		
	50～54岁	10644845	24685903	10340707	3345523	1672761		
	55～59岁	10066554	14965610	5637270	1879090	1006655		
	60～64岁	9723863	9188408	1734874	449782	299855		
	65+岁	12008471	7329308	993804	227747	144930		
2000	16～19岁	674683	8216099	33817949	12007228	6151053	1393349	1241122
	20～24岁	1245376	12536254	38458721	7803547	6434088	3798668	2332719
	25～29岁	2112767	21681490	47290358	9031677	4245728	4342262	1546661
	30～34岁	2759837	28504766	49195925	9258157	2752717	3664835	1599580
	35～39岁	2757458	21171817	39611009	13602570	2230858	3091471	1291447
	40～44岁	3775769	20324014	22916049	11436190	1579414	1816017	555407
	45～49岁	6242767	29698770	21097898	4990422	1650324	1566237	468708
	50～54岁	6390735	25324804	11995855	2099398	1490680	994349	357702
	55～59岁	7156367	16906114	7771407	1548528	1214842	569163	472995
	60～64岁	10188798	14423359	4362903	1002767	1045741	498191	532689
	65+岁	37315406	22370721	5091288	1306477	763948	524333	478657
2001	16～19岁	707587	7862076	27124162	3380693	235862	0	0
	20～24岁	1341649	12427904	39543330	13134035	3389428	776744	0
	25～29岁	2293833	22140480	51461655	15159247	6482573	2094370	99732
	30～34岁	3322455	32512596	58854919	15188366	6288933	2373182	118659
	35～39岁	3795636	28524776	55324264	19668293	5405905	2185366	115019
	40～44岁	4367820	21620709	26862093	16160934	2911880	873564	72797
	45～49岁	7838053	34018766	25857494	9534951	2666554	808047	80805
	50～54岁	8022229	28382094	12890893	3817475	1604446	497931	0
	55～59岁	7132650	16977716	6563378	1741304	636246	435326	0
	60～64岁	7072229	10724454	2533336	570001	126667	105556	0
	65+岁	10460929	9631043	1375863	262069	65517	43678	0

续表

年份	年龄阶段	未上过学	小学	初中	高中	大学专科	大学本科	研究生
2002	16～19岁	646330	6822368	25853184	2405782	179536	0	0
	20～24岁	1279469	11301974	41440573	12723606	3482998	924061	0
	25～29岁	2123654	19112890	48567053	13849920	6463296	2215987	92333
	30～34岁	3344499	30697725	60200986	15528032	6808445	2747267	238893
	35～39岁	3986432	30132736	57920512	17000960	5627904	2462208	234496
	40～44岁	4218730	19835430	29161043	16504854	3256563	1036179	74013
	45～49岁	8103302	32830906	27400858	11194253	3007411	918931	83539
	50～54岁	8893261	30104890	14842131	4146182	1682509	480717	0
	55～59岁	7396883	18456301	7145533	1759453	682237	466794	0
	60～64岁	7122816	11079936	2901888	571584	153888	153888	0
	65+岁	9860557	9541789	1423830	276266	85005	85005	0
2003	16～19岁	601686	6618543	25483162	2512923	141573	0	0
	20～24岁	1028617	10011874	40047496	12411981	3840171	1165766	0
	25～29岁	1754917	15969743	46154312	14127080	7019667	2632375	87746
	30～34岁	3029075	27611183	58717452	16193900	7689190	3262081	116503
	35～39岁	3634447	30247982	58502880	15475712	6330973	2931006	234480
	40～44岁	3731042	20266340	35868877	18655208	4409413	1780724	84796
	45～49岁	7082343	29412553	28745980	13581434	3416189	1083182	83322
	50～54岁	9109345	31241206	16614933	4682973	1860359	705654	0
	55～59岁	7055060	20129928	7975286	1993821	805197	383427	0
	60～64岁	6350882	11076622	3079215	620120	149684	106917	0
	65+岁	9228798	9517843	1507164	268399	82584	61938	0
2004	16～19岁	401026	5380427	24963844	2472991	167094	0	0
	20～24岁	743383	8312370	41291527	11691382	3987234	1486765	20274
	25～29岁	1258775	13175176	45064138	14014359	7300894	2937141	151053
	30～34岁	2272478	24088271	59993430	15907349	7953674	3408718	181798
	35～39岁	3089382	30062067	61787648	14496333	6178765	2970560	249527
	40～44岁	3353020	22034129	43972457	18872710	5173230	2203413	210761
	45～49岁	5854974	26788510	29515484	13715076	3288410	1042667	72185
	50～54岁	8425993	32322663	19890870	5525242	2071966	759721	34533
	55～59岁	7066220	21688801	8618337	2083105	939440	408452	16338
	60～64岁	6008700	11242084	3510459	581487	129219	86146	4307
	65+岁	7503635	8519566	1461516	231704	53470	53470	1782

续表

年份	年龄阶段	未上过学	小学	初中	高中	大学专科	大学本科	研究生
2005	16～19岁	492670	4959547	24173684	3021711	164223	0	0
	20～24岁	1003256	7712528	38374530	10346074	3762209	1504884	0
	25～29岁	1598939	12030111	40430308	12258530	6395755	3197877	228420
	30～34岁	2842558	22943502	52587319	12791510	6700315	3350157	304560
	35～39岁	4127979	32552064	59678784	12619822	5543286	3184441	235885
	40～44岁	4598255	26335462	49117726	17034445	4807267	2403633	313517
	45～49岁	6458458	25449402	27602221	13455122	2844797	999523	76886
	50～54岁	10404299	34756390	21260959	6106871	2035624	753935	75393
	55～59岁	8790431	26036874	9698138	2054285	859933	334419	0
	60～64岁	7106394	13716386	4441497	653161	130632	104506	0
	65+岁	10543142	11676284	1946047	344869	73901	73901	0
2006	16～19岁	386886	4803840	23503354	3385257	161203	32241	0
	20～24岁	728786	7166397	38018345	9413488	3643931	1639769	60732
	25～29岁	1139666	10328220	38962318	11325427	5840786	3276539	356146
	30～34岁	1936682	19182372	49431496	12081205	6178937	3135580	368892
	35～39岁	3056853	29776013	58985942	12453846	5434405	3170070	339650
	40～44岁	3900356	29596816	56899305	16519153	4932803	2523759	344149
	45～49岁	4606648	23465115	27208017	13100156	2519261	1007704	143958
	50～54岁	8424528	36797703	24081434	7232378	2066394	715290	79477
	55～59岁	7977659	29863737	11231704	2204353	892238	314908	0
	60～64岁	6628055	17124975	5308442	629815	149956	119965	0
	65+岁	11683072	16343704	2802678	440871	94472	94472	0
2007	16～19岁	306556	3399990	20595021	3344252	167213	55738	0
	20～24岁	549090	5917971	39046406	10310692	3538581	1586260	61010
	25～29岁	876736	8621242	41279674	12274310	6210216	3580007	365307
	30～34岁	1446916	15064953	47407791	11830669	6043004	3064058	340451
	35～39岁	2404246	25988758	63197332	13738550	5838884	3091174	343464
	40～44岁	3111511	29156006	60732076	14750865	4840127	2535305	230482
	45～49岁	3470792	21258599	30441735	13377010	2675402	1012314	72308
	50～54岁	7172819	35299940	26837626	8301127	2176024	805935	80593
	55～59岁	7785179	31999374	13624062	2633222	858659	286220	0
	60～64岁	6509994	19011774	5927009	712537	161940	97164	0
	65+岁	11632575	17631140	3214700	497119	66282	66282	0

续表

年份	年龄阶段	未上过学	小学	初中	高中	大学专科	大学本科	研究生
2008	16～19岁	211579	3015004	19042128	3940663	211579	26447	0
	20～24岁	519880	5913639	39965800	12347158	4353998	1949551	64985
	25～29岁	659674	7769490	41192959	12826989	6450143	3958042	439782
	30～34岁	1131949	12936557	45277949	12047169	5902304	3153286	323414
	35～39岁	1958619	23068178	61261246	13819144	5549420	3046740	326436
	40～44岁	2833650	28336500	62000262	13261482	4420494	2380266	226692
	45～49岁	2856319	21626417	37785023	14689642	3019537	1468964	163218
	50～54岁	5847142	33400799	28675027	9131154	2162642	800978	80098
	55～59岁	7072790	32885453	16140470	3083011	906768	362707	0
	60～64岁	6184158	19915648	6184158	731460	132993	66496	0
	65+岁	10779205	18702090	3808426	544061	102011	34004	0
2009	16～19岁	194120	2450761	17931805	3421359	242650	24265	0
	20～24岁	558094	5580941	43880147	13394258	4464753	1883568	69762
	25～29岁	655154	6842719	41565876	12593514	6405949	4294898	363974
	30～34岁	1015337	11403015	44050002	12027837	5857713	3358422	390514
	35～39岁	1710680	21383496	60194541	13685437	6094296	3421359	320752
	40～44岁	2485642	28245930	61689111	12541193	4858300	2824593	225967
	45～49岁	2797295	23100242	43312954	15159534	3699648	1894942	270706
	50～54岁	4904555	28981462	27643856	9288930	2452278	891737	74311
	55～59岁	6653149	32146522	17969719	3606380	1243579	497432	62179
	60～64岁	5685583	21102932	7080819	767379	139524	104643	34881
	65+岁	9675653	18784112	4170540	533829	100093	66729	0
2010	16～19岁	121005	2360982	17507160	4039771	293751	29287	1645
	20～24岁	348829	6248684	49854439	17466565	7462774	3041494	53766
	25～29岁	503595	7195599	45136863	14204486	9252315	7432017	751675
	30～34岁	755683	10940499	44726905	13536081	7599029	5405941	751362
	35～39岁	1305185	19484542	57366248	13997437	7053234	4515622	541583
	40～44岁	2036781	27160728	60207962	13007719	5482969	3597486	380706
	45～49岁	2226638	23037114	45555159	14703451	4457940	2570937	296861
	50～54岁	3078257	21997117	23283040	9246816	2220472	962700	95599
	55～59岁	4890260	28569134	17127729	3951977	1224434	509913	44253
	60～64岁	4199121	18876120	6352874	791341	151634	63985	6925
	65+岁	6562881	15680176	3756542	492405	87106	53079	4561

续表

年份	年龄阶段	未上过学	小学	初中	高中	大学专科	大学本科	研究生
2011	16～19岁	56802	1470186	12645743	4077767	440398	51364	0
	20～24岁	217625	3895325	42242789	21417393	10868434	4742601	62883
	25～29岁	144452	4608210	41514870	17475824	11925552	9568529	804062
	30～34岁	352549	7548275	44591867	17546610	9916931	7855766	1006006
	35～39岁	594314	12744681	56570346	17184403	8733637	5684816	588747
	40～44岁	976590	20841938	64944391	17300219	6939201	4594190	420387
	45～49岁	1094290	19513613	52755334	16915977	5299160	3196609	345467
	50～54岁	1228862	15468690	22770369	9661611	2343216	1078553	65721
	55～59岁	2723531	26324181	21049019	4693694	1483341	558692	45423
	60～64岁	2689294	18871749	8400016	1054535	195544	90006	5029
	65+岁	5008813	18704362	4755657	491014	92065	55136	4717
2012	16～19岁	61363	889766	10355040	3559066	444883	46022	0
	20～24岁	153408	2991456	38275296	20096448	10431744	4602240	76704
	25～29岁	171817	4295424	40462894	18212598	12456730	9621750	773176
	30～34岁	374316	6644100	45666493	19370828	11042308	9170730	1310104
	35～39岁	464059	10023679	50211205	16984567	8817125	5661522	649683
	40～44岁	938857	18777139	66306773	17838282	7862927	5046356	469428
	45～49岁	1113742	19946108	54674611	16301134	5669960	3239977	303748
	50～54岁	1208088	15072336	26117712	11045376	2703816	1323144	115056
	55～59岁	2818872	24852096	22033224	5465160	1668312	632808	57528
	60～64岁	2650890	21722573	10603561	1435899	257725	147272	0
	65+岁	5094680	20127130	5409166	660421	94346	62897	0

参 考 文 献

[1] Eichengreen B., Park D., Shin. K. When Fast Growing Economies Slow Down: International Evidence and Implications for China [R]. NBER Working Paper, 2011: No. 16919.

[2] 袁富华. 长期增长过程的“结构性加速”与“结构性减速”：一种解释 [J]. 经济研究，2012 (3): 127-140.

[3] 张平. “结构性”减速下的中国宏观政策和制度机制选择 [J]. 经济学动态，2012 (10): 3-9.

[4] 蔡昉. 挖掘增长潜力与稳定宏观经济 [J]. 中共中央党校学报，2014 (4): 79-86.

[5] 沈坤荣，滕永乐. “结构性”减速下的中国经济增长 [J]. 经济学家，2013 (8): 29-38.

[6] 郭晗. 中国潜在经济增长率的测算及其结构转换路径研究 [D]. 西北大学，2015.

[7] Solow R. M. A Contribution to the Theory of Economic Growth [J]. Quarterly Journal of Economics, 1956, 70 (1): 65-94.

[8] Schultz T. W. Investment in human capital [J]. American Economic Review, 1961, 51 (1): 1-17.

[9] Denison E. F. Sources of Economic Growth in the United States and the Alternatives Before Us [J]. The Economic Journal, 1962, 72.

[10] Arrow K. J. The Economic Implications of Learning by Doing [J]. The Review of Economic Studies, 1962, 29 (3): 155-173.

[11] Uzawa. H. Optimum Technical Change in An Aggregative Model of Eco-

nomic Growth [J]. International Economic Review, 1965, 6 (1): 18-31.

[12] Lucas R. E. On the Mechanics of Economic Development [J]. Journal of Monetary Economics. 1988, 22 (1): 3-42.

[13] Romer P. M. Human Capital and Growth: Theory and Evidence. NEBR working paper, 1989.

[14] Mankiw N. G., Romer D., Weil D. N. A Contribution to the Empirics of Economic Growth [J]. The Quarterly Journal of Economics. 1992, 107 (2): 407-437.

[15] 沈利生, 朱运法. 人力资本与经济增长分析 [M]. 北京: 社会科学文献出版社, 1999.

[16] Heckman J. J. China's Investment in Human Capital. NBER Working Paper, 2002: No. 9296.

[17] 沈利生, 边雅静. 投资在实物资本和人力资本间的合理分配研究 [C]. 21 世纪数量经济学 (第 6 卷), 2005.

[18] 边雅静. 实物资本与人力资本的最佳比例关系研究. 北京: 中国经济出版社, 2011. 33-42.

[19] Arthur O. Potential GNP: Its Measurement and Significance. Proceedings of the Business and Economic Statistics Section, 1962: 98-103.

[20] 刘斌, 张怀清. 我国产出缺口的估计 [J]. 金融研究, 2001 (10): 69-77.

[21] Nelson C. R., Plosser C. R. Trends and Random Walks In Macroeconomic Time Series: Some Evidence and Implications [J]. Journal of Monetary Economics, 1982, 10 (2): 139-162.

[22] Perron P. The Great Crash, the Oil Price Shock, and the Unit Root Hypothesis [J]. Econometrica. 1989, 57 (6): 1361-1404.

[23] 沈坤荣, 李猛. 中国潜在产出和产出缺口的测算: 1952~2008 [J]. 首都经济贸易大学学报, 2010 (5): 5-10.

[24] Beveridge S., Nelson C. R. A New Approach to Decomposition of Economic Time Series into Permanent and Transitory Components With Particular Atten-

tion to Measurement of The "Business Cycle" [J]. Journal of Monetary Economics, 1981 (7): 151 – 174.

[25] 刘金全, 刘志刚. 我国 GDP 增长率序列中趋势成分和周期成分的分解 [J]. 数量经济技术经济研究, 2004 (5): 94 – 99.

[26] Baxter M., King R. G. Measuring Business Cycles: Approximate Band-pass Filters for Economic Time Series [J]. The Review of Economics and Statistics, 1999. 81 (4): 575 – 593.

[27] 郑挺国, 王霞. 中国产出缺口的实时估计及其可靠性研究 [J]. 经济研究, 2010 (10): 129 – 142.

[28] 杨天宇, 黄淑芬. 基于小波降噪方法和季度数据的中国产出缺口估计 [J]. 经济研究, 2010 (1): 115 – 126.

[29] 马文涛, 魏福成. 基于新凯恩斯动态随机一般均衡模型的季度产出缺口测度 [J]. 管理世界, 2011 (5): 39 – 65.

[30] Hodrick R. J., Prescott E. C. Postwar U. S. Business Cycles: An Empirical Investigation [J]. Journal of Money, Credit and Banking, 1997, 29 (1): 1 – 16.

[31] 张连城, 韩蓓. 中国潜在经济增长率分析——HP 滤波平滑参数的选择及应用 [J]. 经济与管理研究, 2009 (3): 22 – 28.

[32] 郭庆旺, 贾俊雪. 中国潜在产出与产出缺口的估算 [J]. 经济研究, 2004 (5): 31 – 39.

[33] 许召元. 中国的潜在产出、产出缺口及产量——通货膨胀交替关系——基于"Kalman 滤波"方法的研究 [J]. 数量经济技术经济研究, 2005 (12): 3 – 15.

[34] 赵昕东. 基于 SVAR 模型的中国产出缺口估计与应用 [J]. 经济评论, 2008 (6): 90 – 95.

[35] Mitra S., Maheswari V., Mitra A. A Wavelet Filtering Based Estimation of Output Gap [J]. Applied Mathematics and Computation, 2011, 218 (7): 3710 – 3722.

[36] 沈坤荣, 李猛. 中国潜在产出和产出缺口的测算: 1952 ~ 2008 [J]. 首都经济贸易大学学报, 2010 (5): 5 – 10.

[37] Harvey A. C. Trends and Cycles in Macroeconomic Time Series [J]. Journal of Business & Economic Statistics, 1985, 3 (3): 216 -227.

[38] Clark P. K. The Cyclical Component of U. S. Economic Activity [J]. Quarterly Journal of Economics, 1987, 102 (4): 797 -814.

[39] Harvey A. C. , Jaeger A. Detrending, Stylized Facts and Business Cycle [J]. Journal of Applied Economitrics. 1993, 8 (3): 231 -247.

[40] 张鸿武. 我国产出缺口和潜在经济增长率的估计 [J]. 经济学动态, 2005 (8): 44 -49.

[41] Donoho D. L. Nonlinear Wavelet Methods for Recovery of Signals, Densities, and Spectra from Indirect and Noisy Data. Proceedings of Symposia in Applied Mathematics, American Mathematical Society, 1993.

[42] Scacciavillani F. , Swagel P. Measures of Potential output: An Application to Israel. IMF Working Paper, No. WP/99/96.

[43] Conway P. , Frame D. A Spectral analysis of New Zealand output gaps using Fourier and wavelet techniques. Reserve Bank of New Zealand Discussion Paper, 2000: No. DP2000/6.

[44] Cbo. CBO'S Method for Estimating Potential Output. Working paper, The Congress of the United States Congressional Budget Office, 1995.

[45] Cbo. CBO'S method for estimating potential output: an update. Working paper, The Congress of the United States Congressional Budget Office, 2001.

[46] Cbo. A Summary of Alternative Methods for Estimating Potential GDP. Working paper, The Congress of the United States Congressional Budget Office, 2004.

[47] Cbo. CBO's Revised Method for Estimating and Projecting Potential TFP. Background Paper, The Congress of the United States Congressional Budget Office, 2005.

[48] Ec. Report on Potential Output and the Output Gap. Economic Papers, Economic policy committee, 2001.

[49] Auria F. D. , Denis C. , Havik K. , et al. the Production Function Meth-

odology for Calculating Potential Growth Rates and Output Gaps. European Commission economic paper, 2010.

[50] 沈利生．我国潜在经济增长率变动趋势估计 [J]. 数量经济技术经济研究, 1999 (12): 3 -6.

[51] 陆军, 钟丹．泰勒规则在中国的协整检验 [J]. 经济研究, 2003 (8): 76 -85.

[52] 黄梅波, 吕朝凤．中国潜在产出的估计与"自然率假说"的检验 [J]. 数量经济技术经济研究, 2010 (7): 3 -20.

[53] 中国人民银行营业管理部课题组．基于生产函数法的潜在产出估计、产出缺口及与通货膨胀的关系: 1978 ~2009 [J]. 金融研究, 2011 (3): 42 -50.

[54] 高铁梅, 梁云芳．论中国增长型经济周期波动及适度增长区间 [J]. 经济学动态, 2005 (8): 37 -43.

[55] Sims C. A. Macroeconomics and Reality [J]. Econometrica, 1980, 48 (1): 1 -48.

[56] Blanchard O. J. , Quah D. The Dynamic Effects of Aggregate Demand and Supply Disturbances [J]. American Economic Review, 1989, 79 (4): 655 -673.

[57] 郭红兵, 陈平．基于 SVAR 模型的中国产出缺口估计及评价 [J]. 数量经济技术经济研究, 2010 (5): 116 -128.

[58] Stock J. H. , Watson M. W. Variable Trends in Economic Time Series [J]. Journal of Economic Perspectives. 1988, 2 (3): 147 -174.

[59] 张成思．基于多变量动态模型的产出缺口估算 [J]. 统计研究, 2009 (7): 27 -33.

[60] Laxton D. , Tetlow R. A Simple Multivariate Filter for the Measurement of Potential Output. Technical Report, Bank of Canada, No. 59.

[61] Kuttner K. N. Estimating Potential Output as a Latent Variable [J]. Journal of Business and Economic Statistics, 1994, 12 (3): 361 -368.

[62] 石柱鲜, 王立勇．基于结构基本预算缺口的我国财政政策可持续性

检验［J］. 中国软科学，2006（9）：50－57.

［63］王子博. 中国潜在产出估算模型的设计与应用——基于Kalman滤波的实证分析［J］. 统计与信息论坛，2012（1）：27－32.

［64］赵昕东，耿鹏. 基于Bayesian Gibbs Sampler的状态空间模型估计方法研究及其在中国潜在产出估计上的应用［J］. 统计研究，2009（9）：55－63.

［65］杨旭，李隽，王哲昊. 对我国潜在经济增长率的测算——基于二元结构奥肯定律的实证分析［J］. 数量经济技术经济研究，2007（10）：14－23.

［66］赵昕东. 基于菲利普斯曲线的中国产出缺口估计［J］. 世界经济，2008，31（1）：57－64.

［67］Gali J. New Perspectives on Monetary Policy，Inflation，and the Business Cycle. Prepared for an Invited Session at the World Congress of the Econometric Society，2001.

［68］Smets F.，Wouters R. An Estimated Dynamic Stochastic General Equilibrium Model of the Euro Area. National Bank of Belgium Working paper，2002：No. 35.

［69］Hirose Y.，Naganuma S. Structural Estimation of the Output Gap：A Bayesian DSGE Approach for the U. S. Economy. Bank of Japan Working Paper Series，2007：No. 07－E－24.

［70］Coenen G.，Smets F.，Vetlov I. Estimation of the Euro Area Output Gap Using the NAWM. European Central Bank Working paper，2009.

［71］Fueki T.，Fukunaga I.，Ichiue H.，et al. Measuring Potential Growth with an Estimated DSGE Mo del of Japan's Economy. Bank of Japan Working paper，2010：No. 10－E－13.

［72］Vetlov I.，Hledik T.，Jonsson M.，et al. Potential Output in DSGE Models. European Central Bank Working paper，2011：No. 1351.

［73］王林辉，高庆昆. 要素错配水平及其对全要素生产率作用效应的研究［J］. 经济学动态，2013（6）：61－67.

［74］胡永远，刘永呈. 中国省际间人力资本和物质资本的相互关系分析［J］. 人口与经济，2005（5）：28－32.

[75] 李海峥，贾娜，张晓蓓，等．中国人力资本的区域分布及发展动态 [J]．经济研究，2013 (7)：49－62.

[76] 李耀新，乌家培．产业结构调整中的生产要素配置原理 [J]．经济学家，1994 (5)：61－74.

[77] 韩江波．基于要素配置结构的产业升级研究 [J]．首都经济贸易大学学报，2011 (1)：29－38.

[78] Maddison A. Chinese Economic Performance in the Long Run [M]. Paris：Development Centre of the Organisation for Economic Co-operation and Development，2007：69－83.

[79] 温杰，张建华．中国产业结构变迁的资源再配置效应 [J]．中国软科学，2010 (6)：57－67.

[80] 丁志国，赵宣凯，苏治．中国经济增长的核心动力——基于资源配置效率的产业升级方向与路径选择 [J]．中国工业经济，2012 (9)：18－30.

[81] 姚战琪．生产率增长与要素再配置效应：中国的经验研究 [J]．经济研究，2009 (11)：130－143.

[82] 赵春雨，朱承亮，安树伟．生产率增长、要素重置与中国经济增长——基于分行业的经验研究 [J]．中国工业经济，2011 (8)：79－88.

[83] 王林辉，袁礼．要素配置效率源于要素结构吗？技术进步偏向约束下的产业经验证据 [J]．数量经济研究，2012，3 (2)：81－96.

[84] Banerjee A. V.，Duflo E. Growth Theory Through the Lens of Development Economics. Working Paper，2004：No. 05－01.

[85] Restuccia D.，Rogerson R. Policy Distortions and Aggregate Productivity with Heterogeneous Establishments [J]. Review of Economic Dynamics，2008，11 (4)：707－720.

[86] Hsieh C.，Klenow P. J. Misallocation and Manufacturing TFP in China and India. NBER Working Paper，2007：No. 13290.

[87] Alfaro L.，Charlton A.，Kanczuk F. Plant-size Distribution and Cross-country Income Difference. NBER Working Paper，2008：No. 14060.

[88] Bartelsman E. J.，Haltiwange J. C.，Scarpetta S. Cross－Country Differ-

ences in Productivity: The Role of Allocation and Selection. Working Paper, 2009: No. 15490.

[89] 涂正革，肖耿．中国的工业生产力革命——用随机前沿生产模型对中国大中型工业企业全要素生产率增长的分解及分析［J］．经济研究，2005 (3): 4-15.

[90] 谢千里，罗斯基，张轶凡．中国工业生产率的增长与收敛［J］．经济学（季刊），2008 (3): 809-826.

[91] Dollar D., Wei S. Das (Wasted) Kapital: Firm Ownership and Investment Efficiency in China [R]. NBER Working Paper, 2007: No. 13103.

[92] Brandt L., Van Biesebroeck J., Zhang Y. Creative Accounting or Creative Destruction? Firm-level Productivty Growth in Chinese Manufacturing. NBER Working Paper, 2009: No. 15152.

[93] 聂辉华，贾瑞雪．中国制造业企业生产率与资源误置［J］．世界经济，2011 (7): 27-42.

[94] 李静，彭飞，毛德凤．资源错配与中国工业企业全要素生产率［J］．财贸研究，2012 (5): 46-53.

[95] 杨振，陈甬军．中国制造业资源误置及福利损失测度［J］．经济研究，2013 (3): 43-55.

[96] Goldsmith R. W. A Perpetual Inventory of National Wealth. NBER Book Series Studies in Income and Wealth, 1951, 14: 5-73.

[97] 德怀特·h·珀金斯．中国经济体制改革（二）［J］．管理世界，1989 (1): 59-73.

[98] 张军扩．"七五"期间经济效益的综合分析——各要素对经济增长贡献率测算［J］．经济研究，1991 (4): 8-17.

[99] 何枫，陈荣，何林．我国资本存量的估算及其相关分析［J］．经济学家，2003 (5): 29-35.

[100] 毛军．我国资本存量估算方法比较与重估［J］．河南社会科学，2005 (2): 75-78.

[101] 叶宗裕．中国资本存量再估算：1952—2008［J］．统计与信息论

坛，2010（7）：36－41.

[102] Hall R. E.，Jones C. I. Why Do Some Countries Produce So Much More Output_x000A_Per Worker Than Others? [J]. The Quarterly Journal of Economics，1999，114（1）：83－116.

[103] 张军，吴桂英，张吉鹏. 中国省际物质资本存量估算：1952—2000 [J]. 经济研究，2004（10）：35－44.

[104] 徐现祥，周吉梅，舒元. 中国省区三次产业资本存量估计 [J]. 统计研究，2007（5）：6－13.

[105] 单豪杰. 中国资本存量K的再估算：1952～2006年 [J]. 数量经济技术经济研究，2008（10）：17－31.

[106] 孙辉，支大林，李宏瑾. 对中国各省资本存量的估计及典型性事实：1978～2008 [J]. 广东金融学院学报，2010（3）：103－116.

[107] 靖学青. 中国省际物质资本存量估计：1952～2010 [J]. 广东社会科学，2013（2）：46－55.

[108] 贺菊煌. 我国资产的估算 [J]. 数量经济技术经济研究，1992（8）：24－27.

[109] Chow G. C. Capital Formation and Economic Growth in China [J]. Quarterly Journal of Economics，1993，108（3）：809－842.

[110] 李治国，唐国兴. 资本形成路径与资本存量调整模型——基于中国转型时期的分析 [J]. 经济研究，2003（2）：34－42.

[111] 王小鲁，樊纲等. 中国经济增长的可持续性 [M]. 北京：经济科学出版社，2000.

[112] 张军，章元. 对中国资本存量K的再估计 [J]. 经济研究，2003（7）：35－43.

[113] 薛俊波，王铮. 中国17部门资本存量的核算研究 [J]. 统计研究，2007（7）：49－54.

[114] 李宾. 我国资本存量估算的比较分析 [J]. 数量经济技术经济研究，2011（12）：21－36.

[115] 黄勇峰，任若恩，刘晓生. 中国制造业资本存量永续盘存法估计

[J]. 经济学（季刊），2002（1）：377－396.

[116] Jefferson G. H., Zheng Y. Growth, Efficiency, and Convergence in China's State and Collective Industry [J]. Economic Development & Cultural Change, 1992, 40 (2): 239－266.

[117] 王益煊，吴优. 中国国有经济固定资本存量初步测算 [J]. 统计研究，2003（5）：40－45.

[118] 贝克尔 加里. 人力资本 [M]. 北京：北京大学出版社，1987.

[119] 张帆. 中国的物质资本和人力资本估算 [J]. 经济研究，2000（8）：65－71.

[120] Kendrick J. W.. The Formation and Stocks of Total Capital. The National Bureau of Economic Research, Columbia University Press, New York. 1976.

[121] 钱雪亚. 中国人力资本水平研究 [D]. 浙江大学，2005.

[122] 钱雪亚，王秋实，刘辉. 中国人力资本水平再估算：1995—2005 [J]. 统计研究，2008（12）：3－10.

[123] 侯风云，范玉波，孙国梁. 中国人力资本存量估计 [J]. 南大商学评论，2005（3）：27－54.

[124] 焦斌龙，焦志明. 中国人力资本存量估算：1978—2007 [J]. 经济学家，2010（9）：27－33.

[125] 柏培文. 全国及省际人力资本水平存量估算 [J]. 厦门大学学报（哲学社会科学版），2012（4）：82－89.

[126] 王德劲. 基于成本方法的中国人力资本估算 [J]. 统计与信息论坛，2008（1）：22－28.

[127] 孙景蔚，王焕祥. 长三角经济区人力资本状况比较研究 [J]. 经济地理，2006（1）：27－31.

[128] Graham J. W., Webb R. H. Stocks and Depreciation of Human Capital: New Evidence from a Present-value Perspective [J]. Review of Income and Wealth, 1979, 25 (2): 209－224.

[129] 王德劲. 我国人力资本升值的经验研究 [J]. 统计研究，2007（6）：23－28.

[130] 钱雪亚. 人力资本水平统计估算 [J]. 统计研究, 2012 (8): 74-82.

[131] Farr W. The Income and Property Tax [J]. Journal of the Statistical Society of London. 1853, 16 (1): 1-44.

[132] Jorgenson D. W., Fraumeni B. M. The Accumulation of Human and Non-human Capital 1948-84 [M], The Measurement of Saving, Investment and Wealth, Chicago, University of Chicago Press. 1989.

[133] 王德劲, 刘金石, 向蓉美. 中国人力资本存量估算: 基于收入方法 [J]. 统计与信息论坛, 2006 (5): 68-74.

[134] 李海峥, 梁赟玲, Barbara Fraumeni, 等. 中国人力资本测度与指数构建 [J]. 经济研究, 2010 (8): 42-54.

[135] Mulligan C. B., Sala-I-Martin X. A Labor-Income-Based Measure of the Value of Human Capital: An Application to the States of the United States [J]. NBER Working Paper, 1995, No. 5018.

[136] 朱平芳, 徐大丰. 中国城市人力资本的估算 [J]. 经济研究, 2007 (9): 84-95.

[137] 张昭俊, 赵宏中. 中国人力资本存量估算 [J]. 统计研究, 2012 (6): 41-45.

[138] Psacharopoulos G. the Educational Attainment of the Labor Force: An International Comparison. the World Bank Working Paper. No. EDT38.

[139] Barro R. J., Lee J. International comparisons of educational attainment [J]. Nber Working Papers, 1993, 32 (93): 363-394.

[140] 蔡昉, 都阳. 中国地区经济增长的趋同与差异——对西部开发战略的启示 [J]. 经济研究, 2000 (10): 30-37.

[141] 李平, 张庆昌. 国际间技术溢出对我国自主创新的动态效应分析——兼论人力资本的消化吸收 [J]. 世界经济研究, 2008 (4): 56-60.

[142] 刘伟, 蔡志洲. 中国经济发展正经历新历史性转折 [J]. 求是学刊, 2011 (1): 50-59.

[143] 李平, 钟学义, 王宏伟, 等. 中国生产率变化与经济增长源泉: 1978~2010 年 [J]. 数量经济技术经济研究, 2013 (1): 3-21.

后　记

书稿即将完成，心中无限感慨。回想过往的日日夜夜，有过迷茫，有过挫败，有过焦虑，有过失落，更有一路走来的喜悦和满足。在此，对所有帮助我、关心我、爱护我的各位老师、同学、朋友和亲人们表示衷心的感谢。

发自肺腑地感谢华侨大学经济与金融学院给我提供了一个提升自我的平台，四年的博士生活让我成长了许多。感谢我的恩师沈利生研究员。沈老师渊博的学识、开阔的视野、深邃的思维、深厚的学术造诣、严谨的治学态度、简朴的生活作风、宽厚的待人态度都深深地感染和影响着我，使我终身受益。这篇书稿的完成更是得到了恩师的大量指导和帮助，从选题、框架的搭建、数据的处理到文章的写作与修改，都离不开恩师的悉心指导。您的教诲、关心和帮助我会铭记于心！在此谨向恩师表示最衷心的感谢，祝愿您和师母身体健康！万事顺利！

感谢华侨大学乌家培教授、李拉亚教授、胡日东教授、赵昕东教授、许培源教授的教诲与指导，使我的知识结构更加完善，为我的学术生涯奠定了坚实的基础。更感谢各位老师为论文撰写提出诸多宝贵的意见，你们对学术的专注是我努力的方向，你们严谨的治学态度是我学习的榜样，谢谢你们将我这样一个科研的门外汉领进了科学的殿堂。

感谢我的工作单位闽南师范大学，制定了宽松的在职读博政策，给我提供了读博的机会。感谢闽南师范大学商学院的各位领导对我的体恤和宽容、关心和爱护。

感谢我的博士同窗王小叶、陈蓉、王子贤、李新光、陈平、祝丹，我们一起上课、一起散步、一起探讨、一起努力，谢谢你们一路的相伴和相互扶持。

感谢一直陪伴我的朋友们。感谢我的好友同事张敏锋，屡次在迷茫的时候为我指引方向，并分享很多论文写作的经验，谢谢你一直以来在工作和学习中对我的关心和帮助。感谢单联娟，谢谢你一直不停地给我鼓励，谢谢你这么多年的包容和爱护。

最后感谢我的家人。感谢一直以来给予我最无私爱的父母，正是你们的呵护和鼓励才支撑我走到现在。感谢我的嫂子苏红，谢谢你一直以来做出的牺牲和辛苦付出。感谢乔思博，谢谢你的乖巧和懂事，更谢谢你小小年纪就为我的论著操碎了心，你的快乐和笑容是我前进的动力。

2017 年 6 月 30 日